FUNDAMENTOS DE

RESTAURACIÓN BÍBLICA

Autoridad de las Escrituras, Canon y Restauración de Yada Yahuah

MBRS Libro 1 — Fundamentos a Nivel Técnico Superior

Texto Oficial del Estudiante

DR. YERAL E. OGANDO

FUNDAMENTOS DE RESTAURACIÓN BÍBLICA

Autoridad de las Escrituras, Canon y Restauración de Yada Yahuah
MBRS Libro 1 — Fundamentos a Nivel Técnico Superior
Texto Oficial del Estudiant

Por:
Dr. Yeral E. Ogando
Redactado y publicado por:
Dr. Yeral E. Ogando
Adoptado para uso de Enseñanza por:
Yahuah Institute of Biblical Restoration, Inc. www.yahuahinstitute.org

Como el texto base para:
El Programa Master of Biblical Restoration Studies (MBRS)

Las citas de las Escrituras se toman exclusivamente de Dabar Yahuah Escrituras Yahuah – www.yahuahbible.com/es.
Este libro de texto es producido para propósitos académicos, de Enseñanzas y de formación teológica dentro del programa MBRS y cursos afiliados.
"Todos los textos de Enseñanzas utilizados por el Programa MBRS son redactados y publicados de manera independiente por el Dr. Yeral E. Ogando. El Instituto adopta estos textos únicamente para propósitos de Enseñanzas y no los posee, publica ni recibe ingresos de ellos."
ISBN: 978-1-946249-52-4

AUTORIZACIÓN Y DECLARACIÓN INSTITUCIONAL

Este libro de texto, FUNDAMENTOS DE RESTAURACIÓN BÍBLICA (Foundations of Biblical Restoration), es redactado y publicado por el Dr. Yeral E. Ogando y es adoptado y aprobado para uso de Enseñanza por Yahuah Institute of Biblical Restoration, Inc. como el texto de Enseñanza central para el programa Master of Biblical Restoration Studies (MBRS).

Todas las posiciones doctrinales, Terminología, estructuras de Enseñanzas y estándares evaluativos contenidos dentro de este volumen están gobernados exclusivamente por Dabar Yahuah - Escrituras Yahuah tal como se preservan en las Escrituras reconocidas por el Instituto: los escritos inspirados del Tanakh (Antiguo Testamento), los Apokryfos preservados, y los escritos del pacto Renovado (Nuevo Testamento).

Este texto opera dentro de un marco canónico y teológico cerrado para el ciclo académico en el cual es emitido. Ningún sistema denominacional externo, metodologías filosóficas, Yada Yahuah (teología) especulativa, o tradiciones institucionales están permitidos para gobernar la interpretación, instrucción o evaluación dentro del programa MBRS.

Esta Edición del Estudiante está autorizada para uso de Enseñanza únicamente dentro del programa MBRS.

La reproducción, distribución o uso no autorizado fuera de contextos de Enseñanzas aprobados por el Instituto está prohibida.

PREFACIO Y DECLARACIÓN DE PROPÓSITO

FUNDAMENTOS DE RESTAURACIÓN BÍBLICA (Foundations of Biblical Restoration) existe porque las Escrituras mismas demandan restauración.

Este libro de texto no fue escrito para defender sistemas denominacionales, preservar teología heredada, o armonizar marcos filosóficos con las Escrituras.

Fue escrito para permitir que Dabar Yahuah gobierne como Yada Yahuah (teología) sin conflicto.

La teología moderna a menudo comienza con suposiciones y busca en las Escrituras apoyo. La Yada Yahuah (teología) de Restauración invierte ese orden. Las Escrituras establecen autoridad, definen categorías, diagnostican corrupción, y revelan restauración conforme a la intención divina en lugar de la tradición humana.

Este libro sirve como el texto de Enseñanza único e integrado para el Master of Biblical Restoration Studies (MBRS). Guía al estudiante desde el Testimonio de las Escrituras a través de, Yahuah: Guia de Restauración, El Origen del Mal: Verdades Bíblicas Escondidas a Plena Vista, Las Tres Humanidades™: La División de la Humanidad en el Plan de Yahuah - Volumen 1, y Las Tres Humanidades™: La Restauración de la Primera Humanidad en el Plan de Yahuah - Volumen 2—culminando en una tesis independiente.

Declaración de Propósito

El propósito de este libro de texto es:

- Establecer las Escrituras como la única autoridad gobernante
- Restaurar categorías bíblicas oscurecidas por la tradición y la traducción
- Definir el mal sin atribuir corrupción a Yahuah
- Explicar a la humanidad a través del marco de las Tres Humanidades™
- Presentar la restauración como transformación, no reparación
- Preparar a los estudiantes para defender la Restauración Yada Yahuah (teología) de manera independiente y precisa

Este texto no es devocional. No es especulativo. Es de Enseñanza, correctivo y autoritativo.

RESULTADOS DEL APRENDIZAJE DEL PROGRAMA

Master of Biblical Restoration Studies (MBRS)

Al completar exitosamente el programa MBRS, el estudiante podrá:

- Demostrar Razonamiento del pacto a través de todo el cuerpo de las Escrituras, integrando los escritos del Tanakh (Antiguo Testamento), Apokryfos, y los escritos del pacto Renovado (Nuevo Testamento) sin contradicción.

- Explicar la autoridad de las Escrituras como de origen divino, delimitada canónicamente y preservada en el pacto.
- Definir el mal, la corrupción, el juicio y la restauración usando únicamente categorías de las Escrituras, sin depender de marcos filosóficos o denominacionales.
- Articular el marco de las Tres Humanidades™ (Primera, Segunda, Tercera Humanidades y la Variante) usando antropología gobernada por las Escrituras y Yada Yahuah (teología) del linaje.
- Hacer la diferencia entre pecado, corrupción y alteración Creacional, explicando por qué la restauración requiere transformación en lugar de reparación moral.
- Aplicar disciplina del lenguaje del pacto responsablemente, demostrando cómo las palabras gobiernan la doctrina y previenen distorsión teológica.
- Defender la Restauración Yada Yahuah (teología) desde la creación hasta la consumación como un sistema unificado y consistente con las Escrituras.
- Producir y defender una tesis a nivel de maestría fundamentada exclusivamente en las Escrituras, demostrando claridad doctrinal, consistencia canónica e integridad metodológica.

CÓMO USAR ESTE LIBRO DE TEXTO

Este libro de texto está diseñado para uso estructurado y en orden cronológico dentro del programa MBRS.

- Responsabilidades del Estudiante
- Leer todas las Escrituras asignadas antes de interactuar con comentarios o explicaciones.
- Seguir el progreso de semanas y meses sin omitir secciones.
- Usar únicamente fuentes De las Escrituras aprobadas por el Instituto al completar asignaciones.
- Adherirse estrictamente a plantillas bloqueadas, indicaciones y criterios de evaluación.
- Demostrar dominio mediante claridad, uso de las Escrituras y razonamiento disciplinado.

Estructura De Enseñanza

- Cada Término se construye sobre autoridad y doctrina previas.
- Cada Mes introduce metas de Enseñanzas definidas.
- Cada Semana se enfoca en conceptos de las Escrituras específicos.
- Las evaluaciones miden integración y razonamiento, no memorización.

Este texto no está diseñado para lectura casual.

Está diseñado para formación, corrección y calificación.

Los estudiantes que intenten eludir la estructura, introducir sistemas externos o depender de la especulación no avanzarán.

DECLARACIÓN DE INTEGRIDAD ACADÉMICA Y DE LAS ESCRITURAS

- La inscripción en el programa MBRS constituye acuerdo con los siguientes estándares:
- Las Escrituras gobiernan todas las conclusiones.
- Dabar Yahuah es la autoridad más alta.
- Ningún sistema denominacional, filosófico o especulativo puede anular las Escrituras.
- Todo trabajo debe ser original, veraz y citado con precisión.
- El plagio, la innovación doctrinal o la tergiversación de las Escrituras resulta en descalificación.
- El avance es evaluativo, no automático.

Este programa valora la claridad sobre la creatividad, la sumisión sobre la especulación y la verdad sobre la tradición.

La meta no es afirmación, sino formación.

RECURSOS DEL TEXTO AUTORIZADOS Y ACCESO

Los textos de Enseñanzas y recursos de las Escrituras usados dentro del programa Master of Biblical Restoration Studies (MBRS) se ponen a disposición a través de plataformas designadas.

Los textos de referencia primarios y materiales de apoyo redactados por el Dr. Yeral E. Ogando están abiertamente accesibles en www.yahuahdabar.com. Estos materiales pueden ser leídos en línea por cualquier visitante. El registro permite a los usuarios descargar versiones PDF de los textos bases. Estos materiales están disponibles públicamente y no están restringidos a estudiantes inscritos. Dabar Yahuah - Escrituras Yahuah, incluyendo los escritos del Tanakh (Antiguo Testamento), Apokryfos y los escritos del pacto Renovado (Nuevo Testamento), están abiertamente accesibles para lectura en línea en www.yahuahbible.com/es. Estos textos se proporcionan como la base de las Escrituras autorizada para el programa MBRS y están disponibles para todos los lectores.

Para el estudio de las Escrituras y la consulta a nivel de término, se instruye a los estudiantes a usar la Aplicación Dabar Yahuah Scriptures, incluyendo sus herramientas de la Concordancia Strong para referencia hebrea y griega. Esta herramienta se utiliza para confirmar formas de palabras, significados y uso de las Escrituras en alineación con el marco de Enseñanza del Instituto.
Los libros de texto de la Edición del Estudiante, sin embargo, no se distribuyen públicamente a través de estos sitios web. Los libros de texto del estudiante se proporcionan a través de la plataforma de Enseñanza del Instituto o canales autorizados de distribución de cursos, con la excepción de la edición impresa de Amazon.

Estas distinciones de acceso son intencionales y forman parte del marco de Enseñanza y evaluativo del Instituto.

DE TEOLOGIA A YĀDAʿ YAHUAH

Por qué Yahuah Institute of Biblical Restoration, Inc. Rechaza el término "Teología" y Restaura el Conocimiento Bíblico

INTRODUCCIÓN

Yahuah Institute of Biblical Restoration, Inc. está comprometido con restaurar la verdad bíblica a su marco del pacto original. Este compromiso requiere no solo la restauración de doctrina, sino también la restauración de lenguaje, método y autoridad.

Una de las restauraciones más fundamentales que hacemos es el rechazo deliberado del término "teología" y su reemplazo con el concepto bíblico de Yādaʿ Yahuah.
Esta decisión no es estilística, cultural ni reaccionaria.
Es lingüística, bíblica y doctrinalmente necesaria.
El Origen del Término "Teología"

La palabra teología en español se deriva del término griego θεολογία (theologia), formado de:

- θεός (theos) — dios
- λογία (logia / logos) — discurso, razonamiento, investigación filosófica

Históricamente, teología significaba "discurso razonado acerca de los dioses".
Se originó en el pensamiento filosófico griego, no en las Escrituras.
Este término fue impuesto posteriormente sobre los estudios bíblicos durante los períodos helenístico y post - Constantino, cuando categorías filosóficas griegas fueron usadas para sistematizar los textos bíblicos.
Los autores bíblicos nunca usaron este término.
Nunca describieron sus escritos, enseñanzas o revelaciones como "teología".
Por qué "Teología" Es Incompatible con las Escrituras

El concepto de teología asume:

- que Alôhîym (Dios) es un objeto de análisis,
- que la verdad se alcanza mediante razonamiento intelectual,
- y que los humanos definen conocimiento acerca de Alôhîym (Dios).

Las Escrituras presentan el orden opuesto:

- Yahuah revela,
- la humanidad recibe,
- el conocimiento fluye de la obediencia y la relación del pacto.

Los sistemas teológicos frecuentemente colocan la razón humana como la autoridad organizadora sobre la revelación.

La Escritura coloca la revelación por encima de la razón humana.

Por esta razón, teología no es un término neutral — es un marco filosófico extranjero impuesto sobre la revelación bíblica.

El hebreo No Piensa en Categorías de "-logia"

El pensamiento bíblico hebreo no comienza con sustantivos abstractos ni sistemas especulativos.

Comienza con verbos, acción y relación.

El pensamiento griego es:

- Abstracto
- Analítico
- especulativo

El pensamiento hebreo es:

- por relación
- del pacto
- revelado
- vivido y obedecido

Por lo tanto, la pregunta no es: "¿Cuál es la palabra hebrea para teología?"

La pregunta correcta es: "¿Cómo definen las Escrituras el conocer a Yahuah?"

LA RAÍZ BÍBLICA: יָדַע (YĀDAʿ)

El término bíblico fundamental es el verbo hebreo יָדַע (Yādaʿ).

Yādaʿ significa:

- conocer en relación
- conocer por experiencia
- conocer en el pacto
- conocer a través de la obediencia y el encuentro

Esto no es conocimiento teórico.

Ejemplos de las Escrituras:

- Berēšhīṯh 4:1 — "Adam conoció a Eva"
- Šhemōṯh 33:12 — "Te he conocido por tu nombre"
- Yirmeyâhû 31:34 — "Todos me conocerán"

En cada caso, conocer es por relación y experiencia, no información.

DAʿAT (דַּעַת) DEPENDE DE YĀDAʿ

El sustantivo דַּעַת (Daʿat) — "conocimiento" — se deriva de Yādaʿ.

Esto significa:

- Daʿat es el resultado de conocer,
- no la fuente de conocer.

Cuando Daʿat se separa de Yādaʿ, el conocimiento se vuelve abstracto y distorsionado — exactamente lo que ocurre en los sistemas teológicos.

Las Escrituras nunca tratan el conocimiento como una posesión intelectual independiente.

El conocimiento siempre es el fruto de la relación del pacto.

EL MARCO BÍBLICO RESTAURADO: YĀDAʿ YAHUAH

Por esta razón, el Instituto restaura la categoría bíblica:

יָדַע יְהוָה — Yādaʿ Yahuah

"Conocer a Yahuah por revelación del pacto y obediencia."

Definición Formal:

Yādaʿ Yahuah es el acto del pacto de conocer a Yahuah a través de Su autorrevelación, instrucción y obediencia vivida. No es razonamiento especulativo acerca de Alôhîym (Dios), sino conocer por relación fundamentado en fidelidad, encuentro y sumisión a Su Palabra.

Daʿat Yahuah (el conocimiento de Yahuah) es el resultado de Yādaʿ, no su sustituto.

Implicaciones para la Educación y los Grados

Debido a esta restauración:

- No enseñamos teología
- Restauramos el conocimiento del pacto basado en Yādaʿ
- Nuestros programas forman siervos, no analistas
- Nuestros grados representan responsabilidad del pacto y rendición de cuentas, no meramente estatus intelectual

El Instituto rechaza la filosofía abstracta griega a favor de la revelación bíblica.

CONCLUSIÓN

La restauración de la verdad requiere la restauración del lenguaje.

Teología no es una categoría bíblica.

Yādaʿ Yahuah lo es.

Al restaurar Yādaʿ Yahuah, el Instituto se alinea con:

- la autoridad de las Escrituras,
- el conocer del pacto,
- y la visión bíblica original.

Esta restauración no es opcional. Es fundamental.

DECLARACIÓN OFICIAL

"No razonamos acerca de Yahuah; lo conocemos como Él se revela."

Tabla de Contenido

CUATRIMESTRE I — FUNDAMENTOS DEL CANON Y RESTAURACIÓN
ETAPA I DEL PROGRAMA

FUNDAMENTOS A NIVEL TÉCNICO SUPERIOR · MESES 1-4

Etapa I del Programa de Grado Eclesiástico a Nivel de Maestría
(Basado en la Fe, No Acreditado)
Fundamentos a Nivel Técnico Superior · Meses 1–4

ORIENTACIÓN ACADÉMICA — CUATRIMESTRE I · MES 1

Este cuatrimestre marca la entrada del estudiante a la primera etapa del programa a nivel de maestría de Yahuah Institute of Biblical Restoration, Inc. Aunque este programa es eclesiástico y no acreditado, está estructurado con rigor académico y anticipaciones disciplinarias consistentes con estudio bíblico avanzado.

CUATRIMESTRE I (MESES 1-4) FUNCIONA COMO EL FUNDAMENTO A NIVEL TÉCNICO SUPERIOR DEL PROGRAMA.

Durante esta etapa, los estudiantes son entrenados en los principios esenciales de Testimonio y preservación de las Escrituras, continuidad del pacto, y metodología restaurada de Yadaʿ Yahuah. El avance más allá de esta etapa es condicional sobre dominio demostrado.

Este curso está diseñado para estudio disciplinado, centrado en el texto a nivel universitario. Se espera que los estudiantes se involucren con las Escrituras directamente, prioricen el testimonio interno de las Escrituras, y evalúen estructuras de autoridad basadas en nombramiento del pacto en lugar de tradición institucional posterior.

Este Instituto no aborda las Escrituras en forma devocional ni en forma de denominacional. En su lugar, emplea una metodología restaurada del pacto, la cual examina la instrucción divina según su origen, preservación, transmisión, y custodio tal como se revela dentro de las Escrituras misma.

Se espera que los estudiantes:

- Lean los textos primarios cuidadosamente y en contexto
- Hagan la diferencia entre origen divino y transmisión humana
- Suspendan suposiciones teológicas heredadas mientras se involucran con el material
- Demuestren comprensión a través del razonamiento de las Escrituras en lugar de opinión

El desacuerdo no es penalizado; la afirmación sin sustento sí. Todas las conclusiones deben ser rastreables a Dabar Yahuah tal como se presenta en las Escrituras.

CUATRIMESTRE I - MES 1

RESUMEN DEL MÓDULO 1

Marco Metodológico de Este Módulo

Este módulo opera bajo los siguientes principios de interpretaciones:

1. La Autoridad Del pacto Supera la Autoridad Institucional

La instrucción divina es evaluada basada en nombramiento del pacto y testimonio de las Escrituras, no decisiones eclesiásticas posteriores o concilios.

2. El Origen Precede la Forma Del texto

La Escritura escrita es entendida como transmisión, no origen. La autoridad es rastreada a Yahuah Mismo en lugar de manuscritos, lenguas, o compilaciones.

3. Flujo de Instrucción del Cielo a la Tierra

La instrucción se origina con Yahuah, es preservada en el cielo, y es transmitida a la Tierra por medios designados. La autoridad nunca fluye en la dirección inversa.

4. Consistencia interna de las Escrituras

La Escritura es interpretada usando la Escritura. Sistemas teológicos externos no son tratados como autoridades interpretaciones.

5. Interpretación Restaurada, No Progresiva

La revelación posterior restaura claridad; no reemplaza, revisa, o niega instrucción divina anterior.

Este marco gobierna todas las lecturas, discusiones, y evaluaciones a través del

Cuatrimestre I.

Este módulo enseña cómo las Escrituras se definen a sí misma, de dónde viene, y por qué tiene autoridad suprema sobre Yada Yahuah (teología), tradición, y doctrina.

Ustedes estudiarán las Escrituras como instrucción divina, originándose con Yahuah, preservada por custodios designados, y registrada según testimonio celestial.

CUATRIMESTRE I - MES 1 - SEMANA 1 — ESCRITURA DESDE EL PRINCIPIO

INTRODUCCIÓN AL MÓDULO 1

Las Escrituras son la palabra divina y Dabar de Yahuah, donde él expresa sus pensamientos y voluntad para su creación maestra, la humanidad.
Permítannos primero definir y entender el significado de la palabra "Escrituras" Es el conjunto de libros, enseñanzas y prácticas dadas por Yahuah y enseñadas por su pueblo; consiste de todos los libros del Antiguo testamento (los que son inspirados), todos los libros de los Apokryfos (los que son inspirados) y todos los libros del Nuevo Testamento (los que son inspirados). Nada fuera de estos tres cánones constituye una ley para el pueblo de Yahuah, porque está fuera de las Escrituras.

Necesitamos entender que la palabra escritura misma es solo una traducción que hemos heredado del idioma latín; sin embargo, el verdadero origen y palabra correcta es dâbâr (ר□□ב□□), que literalmente significa palabra, libro, crónicas, mandamiento, decreto, hecho, mensaje. Estos son solo los significados principales de la palabra Dabar "Debārīm (Deuteronomio) 30:14".
Estaremos usando la palabra Dabar en la mayoría de los casos, que es el término restaurado hebreo. Por lo tanto, Dabar: es la palabra de Yahuah (Dabar Yahuah), sus mandamientos, enseñanzas y decretos para nosotros.
Ustedes estudiarán Dabar Yahuah como la instrucción divina, originándose con Yahuah, preservada por custodios designados, y registrada según testimonio celestial.

RESULTADOS DEL APRENDIZAJE DEL MÓDULO 1

Al final del Cuatrimestre I – Mes 1, los estudiantes deben poder:

- Hacer la diferencia entre el origen, preservación, y transmisión de Dabar

Yahuah

- Demostrar desde las Escrituras que la instrucción divina precede al Sinaí y la codificación escrita
- Explicar el concepto de Tablas Celestiales y su relación con la instrucción terrenal
- Identificar la diferencia entre Tôrâh como instrucción divina y canon como clasificación humana
- Rastrear el custodio de las Escrituras de la Tôrâh a través de nombramiento del pacto en lugar de autoridad institucional
- Evaluar tradición, doctrina, y teología contra Dabar Yahuah usando razonamiento de las Escrituras

El dominio se demuestra a través de citas precisas de las Escrituras, coherencia lógica, y consistencia del pacto.

CUATRIMESTRE I - MES 1 - SEMANA 1 - LECTURAS:

Resultados del Aprendizaje de la Semana 1 — Las Escrituras desde el Principio

Al final de la Semana 1, los estudiantes deben poder:

- Explicar Dabar Yahuah como el origen de creación e instrucción
- Identificar mandamiento y responsabilidad antes de Sinaí
- Hacer la diferencia de origen divino de registro del texto posterior
- Sustentar conclusiones usando ejemplos de las Escrituras de narrativas de creación y relatos pre-Sinaí

Leer el Capítulo 1 de Yahuah: Guia de Restauración.
Ver los videos dados para herramientas suplementarias y apoyo.
Lecturas asignadas del Capítulo 1 — Qué Extraer
Al Leer el Capítulo 1 de Yahuah: Guia de Restauración, su objetivo no es dominar cada tema introducido en el capítulo. El capítulo 1 contiene múltiples temas que

serán abordados más adelante en este estudio y en módulos futuros. Para esta semana, su tarea es extraer solo lo que directamente sustenta el fundamento de las Escrituras como instrucción de origen divino.

Leer el Capítulo 1 con el siguiente enfoque:
Dabar en la Creación (Origen de la Instrucción)
Identificar cómo la creación misma es establecida por mandamiento y decreto, no por proceso o explicación humana. Observar que Dabar precede a la forma, vida, y orden, demostrando que la instrucción divina existía antes de la humanidad y antes de cualquier codificación escrita.

El Primer Mandamiento y la Definición de Pecado
Del relato del Jardín del Edén, identificar el primer mandamiento dado a la humanidad y cómo las Escrituras definen el pecado como la desobediencia a Dabar. Notar que la autoridad y la instrucción existen antes de la transgresión, y que la muerte entra como resultado de rechazar el mandamiento.

Registro Temprano y Testimonio Celestial
Prestar atención cercana a referencias que involucran Chănôk (Enoc) y Yôbêl (Jubileos), escritura, testimonio, estaciones, y revelación. Identificar cómo las Escrituras presentan registros tempranos, instrucciones, y testigos celestiales como parte del orden divino mucho antes de Môsheh.

Continuidad Pre-Sinaí de la Instrucción
Observar cómo la instrucción, la ley, la rendición de cuentas, y la responsabilidad del pacto existen antes de Sinaí. Notar que lo que más tarde llega a ser codificado por medio de Môsheh ya existía en práctica, orden, y anticipación.

El capítulo 1 también introduce temas adicionales—tales como los Vigilantes, Nefelinos, demonios, la Torre de Babel, y Sedôm y Ămôrâh. Estos temas no son el enfoque de la Semana 1 a menos que explícitamente sean asignados por su instructor en un tiempo posterior. Para esta semana, reconozcan su presencia sin intentar sistematizarlos.

Su meta al Leer el Capítulo 1 es confirmar—por las Escrituras—que Dabar Yahuah se origina con Yahuah desde la Creación, que el mandamiento existe antes del Sinaí, y que las Escrituras son transmitidas por instrucción divina en lugar de tradición humana.

CUATRIMESTRE I - MES 1 - SEMANA 1 - LECTURAS 2:

- Bereshith 1:1–3: Estas son las primeras palabras encontradas en Dabar Yahuah y vienen como reflexión para mostrar el comienzo de todo originado directamente por el Dabar de Yahuah.
- Bereshith 2:16–17: Aquí ustedes pueden ver claramente cómo Yahuah dio mandamientos a Adam y que su Dabar fue desde el principio mismo, así mostrando a la humanidad con el Dabar desde el primer día.
- Jubileos 1:4–7: Esto es lo que la mayoría de la gente entiende por Dabar o Escrituras relacionándolo con Môsheh, pero si miramos de cerca, el Dabar ha existido mucho antes de Môsheh y sus mandamientos han sido mucho antes del Sinaí.
- Jubileos 2:1–2: Podemos ver claramente cómo los ángeles de la presencia mostraron el Dabar y mandamientos a Môsheh, explicando y declarando cómo todo fue ordenado por el Dabar de Yahuah.
- Enoc 1:1-2: Aquí podemos ver cómo Yahuah dio todos los mandamientos y leyes a Chanok (Enoc) mucho antes del Sinaí y si leemos cuidadosamente, Yahuah le dio la visión del presente pasado y futuro por venir.
- Al leer estos versículos en contextos y combinándolos podemos claramente determinar que todos los mandamientos fueron dados por Yahuah y que Dabar Yahuah es el origen de todas las cosas y la palabra misma por la cual todo fue creado.

TÉRMINOS CLAVE Y DEFINICIONES (ENFOQUE DE LA SEMANA 1)

- Dabar (דָּבָר): La Palabra oficial, mandamiento, decreto, o instrucción emitida por Yahuah. En este Instituto, Dabar se refiere a la voluntad expresada de Yahuah por medio de la cual la creación fue hablada, mandamientos fueron dados, y la verdad es establecida.
- Dabar Yahuah: La totalidad de la instrucción oficial de Yahuah, incluyendo Sus mandamientos, decretos, testimonios, y revelaciones. Dabar Yahuah se origina con Yahuah solamente y permanece como la autoridad suprema sobre la humanidad, Yada Yahuah (teología), y doctrina.
- Escrituras: El registro escrito inspirado de Dabar Yahuah transmitido a la humanidad por medios designados. En el uso del Instituto, las Escrituras no son meramente textos religiosos, sino instrucción divina documentada ligada por autoridad del pacto.
- Canon: Un término usado para describir el límite reconocido de instrucción oficial. En este curso, canon es evaluado según su origen divino y preservación del pacto, no concilios humanos o tradiciones.
- Tanakh (Antiguo Testamento): El cuerpo de escritos inspirados documentando creación, pacto, instrucción, y testimonio profético antes de la era del pacto renovado. En el contexto del Instituto, estos escritos forman una porción fundamental de Dabar Yahuah.
- Nuevo Testamento: El cuerpo de escritos inspirados documentando la vida, enseñanzas, muerte, resurrección, y cumplimiento del pacto por medio de Yahusha ha Mashiyach y Sus emisarios. En el contexto del Instituto, estos escritos no reemplazan la Tôrâh sino que testifican para su cumplimiento.
- Apokryfos: Una designación que significa "escondido," usada para escritos antiguos que fueron preservados, pero más tarde excluidos o marginados por sistemas religiosos. En este Instituto, los escritos Apokryfos son evaluados por contenido, consistencia con Dabar, y temas del pacto, no por tradición posterior y estos escritos no reemplazan la Tôrâh sino que testifican para su cumplimiento.
- Ángeles de la Presencia: Seres celestiales asociados con estar de pie delante de Yahuah e involucrados en la transmisión, testimonio, o declaración de instrucción divina según el testimonio be las Escrituras.

TAREAS DE ESTUDIO

Pausa tu lectura y completa lo siguiente antes de proceder. Relaciónate con el texto de las Escrituras directamente. No resumas opiniones de otros.

- ***Identifica dónde son dados los mandamientos***
- ***Nota cómo las Escrituras describen su origen***

PENSAMIENTOS FINALES DE LA SEMANA 1

"Entender que Dabar es el origen de todo y que Dabar Yahuah es su palabra, abrirá nuestros corazones y mente al verdadero significado de Dabar Yahuah."

REFLEXIÓN FINAL (SEMANA 1)

"Donde Dabar comienza, la confusión termina—porque la Palabra de Yahuah es el comienzo de toda verdad."

CUATRIMESTRE I – MES 1- SEMANA 2 — LAS TABLAS CELESTIALES

RESULTADOS DEL APRENDIZAJE DE LA SEMANA 2 – LAS TABLAS CELESTIALES

Al final de la Semana 2, los estudiantes deben poder:

- Explicar el concepto de Tablas Celestiales usando referencias de las Escrituras
- Hacer la diferencia entre preservación celestial y de transmisión terrenal
- Identificar evidencia de las Escrituras para testigo y Custodio angelical
- Explicar por qué la instrucción terrenal es considerada una copia, no un original

INTRODUCCIÓN A LA SEMANA 2

Normalmente rastreamos el origen de Dabar Yahuah relacionado con Môsheh y no logramos entender que Dabar Yahuah, o la Palabra de Yahuah, está más allá de la humanidad; que existía desde el fundamento mismo del mundo; y, más importantemente, que todo está registrado y preservado en el cielo. Lo que sea que la humanidad ha recibido en la Tierra es solo un fragmento o una copia de la versión original.

CUATRIMESTRE I - MES 1 - SEMANA 2 - LECTURAS

Capítulo 1 de Yahuah: Guia de Restauración
Ver los videos dados para herramientas suplementarias y apoyo.

Enfoque de Alineación — Capítulo 1 (Énfasis de Registro Celestial)
Mientras la Semana 1 estableció que Dabar se origina en la Creación, la Semana 2 avanza la discusión identificando dónde ese Dabar es preservado.

LECTURAS ASIGNADAS DEL CAPÍTULO 1 – QUÉ EXTRAER

Del Capítulo 1 de Yahuah: Guia de Restauración, extraer el siguiente punto de énfasis para la Semana 2:

La Creación como un Evento Registrado

La Creación no solo es hablada por Dabar sino ordenada, medida, y registrada, revelando que la instrucción divina es estructurada y preservada más allá del ámbito físico.

El Shabbath como una Ordenanza Celestial

El Shabbath es presentado como una señal guardada en el cielo y en la Tierra, indicando un registro celestial gobernando la observancia terrenal.

Testigo Angelical y Custodio

Los Ángeles de la Presencia y los Ángeles de Santificación aparecen en narrativas de la Creación como participantes y testigos, implicando la existencia de un testimonio celestial preservado.

La Tierra como un Reflejo, No la Fuente

Lo que la humanidad experimenta en la Creación se muestra ser un reflejo del orden celestial, reforzando el concepto de que la instrucción terrenal refleja un original más alto, preservado.

Su objetivo en el Capítulo 1 para la Semana 2 no es re - probar origen, sino reconocer la preservación:

Dabar no meramente comienza con Yahuah—permanece con Yahuah, registrada y guardada en el cielo.

CUATRIMESTRE I - MES 1 - SEMANA 2 - LECTURAS 2:

- Šhemōṯh 24:12: Yahuah Mismo escribe los mandamientos dados a Môsheh.
- Šhemōṯh 25:9, 40: Yahuah revela el patrón celestial para que una copia pueda ser hecha en la Tierra.
- Šhemōṯh 31:18: Las Tablas están escritas por el dedo de Yahuah.
- Jubileos 6:17–19: Referencia directa a las Tablas Celestiales como el registro original.
- Chănôk (Enoc) 81:1: A Chanok le son mostradas las Tablas Celestiales

escritas por Yahuah.

- Tehīllīm 119:89: Dabar Yahuah está establecido en el cielo, no en la Tierra.

TÉRMINOS CLAVE Y DEFINICIONES (ENFOQUE DE LA SEMANA 2)

- Tablas Celestiales: El registro celestial en el cual los decretos, tiempos señalados, y juicios de Yahuah están establecidos y preservados. En este Instituto, Tablas Celestiales representan la fuente original e incorruptible de instrucción divina.
- Autor de las Tablas Celestiales: Yahuah Mismo. La autoridad y permanencia de las Tablas Celestiales descansan únicamente en Su autoría, no en transmisión humana.
- Tablas Terrenales: La manifestación física o copia de la instrucción divina entregada a la humanidad. Las Tablas Terrenales sirven como una transmisión fiel de lo que primero está establecido en el cielo.
- Autor de las Tablas Terrenales: Yahuah en origen, aunque entregadas por siervos designados. Los humanos pueden transmitir las Tablas, más la autoría permanece divina.

TAREAS DE ESTUDIO

Pausa tu lectura y completa lo siguiente antes de proceder. Relaciónate con el texto de las Escrituras directamente. No resumas opiniones de otros.

- ***Identifica dónde Dabar Yahuah está registrado y preservado***
- ***Nota quién escribe y autoriza la instrucción***
- ***Observa la relación entre patrón celestial y copia terrenal***

PENSAMIENTO FINAL DE LA SEMANA 2

"Si entendemos que Dabar Yahuah es la versión original, escrita en el cielo por Yahuah Mismo, guardada y preservada pura en el cielo, entonces entenderemos que no importa cómo la humanidad trate de diluir la verdad de Yahuah, nunca prosperará–porque Su verdad ya está escrita y preservada en el cielo, donde ninguna mano humana puede alcanzarla."

REFLEXIÓN FINAL (SEMANA 2)

"La Tierra puede distorsionar lo que toca, pero el cielo preserva lo que Yahuah establece."

CUATRIMESTRE I - MES 1 - SEMANA 3 — CANON VS. TRADICIÓN

RESULTADOS DEL APRENDIZAJE DE LA SEMANA 3 – CANON VS. TRADICIÓN

Al final de la Semana 3, los estudiantes deben poder:

- Definir la Tôrâh como instrucción divina distinta de cualquier clasificación humana de canon
- Identificar la tradición como una estructura de autoridad en competencia
- Demostrar cómo las Escrituras definen el pecado independientemente de cultura o institución
- Evaluar afirmaciones doctrinales contra la autoridad de las Escrituras

INTRODUCCIÓN A SEMANA 3

Esta es la batalla eterna de la humanidad, la cual falla en comprender la verdad de Dabar Yahuah, porque es domada, adoctrinada y formada por tradición humana, la cual al final solo conduce a perdición.

Qué es canon: es la palabra griega usada para describir el grupo de libros o enseñanzas aceptadas por vistas tradicionales, así rechazando todos los otros libros incluyendo los inspirados (apokryfos) que no encajan en su patrón. Por lo tanto, la palabra canon literalmente significa regla.

Sin embargo si miramos detenidamente al hebreo, el idioma original, la palabra correcta no sería la palabra griega κανών, sino la palabra hebrea tôrâh (תּוֹרָה), que literalmente significa un precepto o estatuto, especialmente el Decálogo o Pentateuco, ley.

CUATRIMESTRE I - MES 1 - SEMANA 3 – LECTURA:

Lecturas asignadas del Capítulo 2 — Qué Extraer

Mientras leen el Capítulo 2 de Yahuah: Guia de Restauración, los estudiantes deben enfocarse exclusivamente en cómo la instrucción divina está en contraste con autoridad humana.

CAPÍTULO 2 DEBEN EXTRAER:

- La definición de pecado como desobediencia a la Tôrâh, no como fracaso cultural o sentimiento moral.
- La presentación de la Tôrâh como la única medida de obediencia, independiente de instituciones religiosas o clasificaciones posteriores.
- La discusión de los Diez Mandamientos y el Shabbath como ejemplos de cómo la instrucción divina es selectivamente reinterpretada o reemplazada por tradición humana.
- El razonamiento histórico usado para justificar el reemplazo de mandamiento con tradición, particularmente en asuntos de adoración y observancia.

No enfocarse en:

- Detalles narrativos de Yôsêph más allá de su función como un ejemplo de toma de decisiones humana.
- Aplicaciones devocionales o morales no relacionadas a autoridad, canon, o tradición.
- El desarrollo histórico más amplio de la esclavitud de Yâshâral excepto donde ilustra consecuencias de desobediencia.
- Yada Yahuah (teología) comparativa o debates denominacionales no directamente ligados a la pregunta en cuestión.

El propósito de Capítulo 2 en la Semana 3 es identificar cómo la tradición humana funciona, y como una autoridad está en competencia con la Tôrâh, no estudiar exhaustivamente el pecado, esclavitud, o los mandamientos.

CUATRIMESTRE I - MES 1 - SEMANA 3 - LECTURAS 2:

- Debārīm 4:2: Yahuah Alôhîym da instrucciones específicas para seguir su tôrâh y no añadir ni disminuir, pero él está hablando sobre su tôrâh, el canon real, no el creado por los hombres.
- Mattithyâhû 15:3–9: Yahusha restablece los mandamientos dados a Môsheh, el canon real, la tôrâh de Yahuah.

- Markos 7:6–13: Las doctrinas de hombres versus la tôrâh real, Yahusha mismo nos está mostrando la realidad y lo que la verdadera tôrâh es y lo que no es. No tradiciones, no doctrinas de hombres y Yahusha mismo les dice que aquellos que siguen este canon tradicional vuelven a Dabar Yahuah sin efecto.
- Enoc 8:1–3: La tôrâh de Yahuah está en el cielo y los humanos han recibido solo una copia de ella.

TÉRMINOS CLAVE Y DEFINICIONES (ENFOQUE DE LA SEMANA 3)

- Manipulación doctrinal: El proceso por el cual la creencia es formada y controlada por sistemas humanos en lugar de involucramiento directo con Dabar Yahuah. La manipulación doctrinal reemplaza discernimiento con conformidad.
- Tradición Humana: Prácticas, interpretaciones, o enseñanzas desarrolladas por hombres y elevadas a autoridad junto a / o por encima de la instrucción divina. En este Instituto, la elevación de la tradición humana es estrictamente contra Dabar Yahuah.
- κανών (Canon): Un término griego que significa "regla" o "medida," históricamente usado para definir escritos aceptados. En este módulo, κανών es examinado críticamente como un sistema de clasificación humana, no el origen de autoridad divina.
- Tôrâh (תּוֹרָה): Instrucción, ley, o enseñanza emitida por Yahuah. Tôrâh representa la verdadera regla y medida de autoridad divina, existiendo antes de y más allá de categorizaciones humanas posteriores.
- Decálogo: Los diez mandamientos fundamentales entregados en contexto del pacto, representando una expresión central de la instrucción moral y del pacto de Yahuah.
- Pentateuco: Los primeros cinco libros tradicionalmente atribuidos a Môsheh, conteniendo relatos de la creación, formación del pacto, instrucción, y fundamentos legales. En el uso del Instituto, el Pentateuco es parte de un continuo más amplio de la Tôrâh, no su origen.
- Doctrinas de Hombres: Enseñanzas creadas o reformadas por autoridad humana que reemplazan, reinterpretan, o anulan los mandamientos de

Yahuah. Yahusha explícitamente condena tales doctrinas cuando anulan la instrucción divina.

TAREAS DE ESTUDIO

Pausa tu lectura y completa lo siguiente antes de proceder. Relaciónate con el texto De las Escrituras directamente. No resumas opiniones de otros.

- ***Compara las Escrituras vs. La tradición humana***

PENSAMIENTOS FINALES DE LA SEMANA 3

"Entendemos y leemos perfectamente la tôrâh real, la dada por Yahuah, dada a nosotros desde el principio mismo, dada a Chanok, Abraham y finalmente en una forma más escrita a Môsheh en el monte Sinaí. Entonces Yahusha mismo como Yahuah, presentó el significado real y después de su resurrección los escritos de sus seguidores llegaron a ser parte de la tôrâh, los cuales al final, no dicen nada nuevo, no añaden, ni disminuyen, solo presentan la tôrâh en un contexto donde podemos entenderla, pero nunca la cambian."

REFLEXIÓN FINAL (SEMANA 3)

"La tradición puede ser heredada sin verdad—pero la Tôrâh debe ser recibida de Yahuah."

CUATRIMESTRE I - MES 1 - SEMANA 4 — CUSTODIOS DE LA TÔRÂH

RESULTADOS DEL APRENDIZAJE DE LA SEMANA 4 – CUSTODIOS DE LA TÔRÂH

Al final de la Semana 4, los estudiantes deben poder:

- Rastrear los custodios de las Escrituras de la Tôrâh a través de nombramiento del pacto
- Identificar la responsabilidad sacerdotal para preservación y transmisión
- Hacer la diferencia entre la autoridad del pacto de la autoridad imperial o institucional
- Explicar el rol de Yahusha dentro del marco del sacerdocio de Malkîy-Tsedeq

INTRODUCCIÓN A LA SEMANA 4

Custodios de Dabar Yahuah y la Preservación de la Tôrâh
Entender quién fue encomendado como el guardián de Dabar Yahuah es esencial para entender qué constituye la tôrâh verdadera de las Escrituras inspiradas de Yahuah. Dentro del marco de restauración del Instituto, la evidencia nos dice que los custodios de las Escrituras fueron del pacto, hereditaria, y asignada divinamente en lugar de institucional o política.

Según la Tôrâh misma, la responsabilidad de guardar, enseñar, y preservar Dabar Yahuah no fue dada a imperios, escuelas filosóficas, o instituciones religiosas, sino a un orden del pacto específico.

El sacerdocio de Ahărôn (Aaron) fue establecido y ordenado divinamente como el guardián autorizado de la Tôrâh. Esta supervisión protectora fue ejercida dentro del orden del Templo de Yahuah y no fue transferible a autoridades políticas o religiosas externas.

La tribu de Levi (Lêwîy), y más específicamente los hijos de Ahărôn, fueron encargados con preservar, transmitir, y enseñar la Tôrâh. Dentro de este linaje, el sumo sacerdocio de Zadok (Tsâdôq) representa la continuación fiel de esta responsabilidad protectora. La autoridad para preservar Dabar Yahuah permaneció en el pacto y hereditaria, arraigada en obediencia y sucesión sacerdotal en lugar de poder institucional o innovación teológica.

Dentro de este marco de restauración, el linaje de Ahărôn es entendido haber mantenido esta protección a través de comunidades sacerdotales asociadas con lugares tales como Qumrán y Bethabara. Estos custodios se distinguen de los Esenios, quienes habitaban regiones cercanas tales como Ein Gedi, y cuya identidad filosófica y comunal difería del linaje sacerdotal centrado en el Templo. De este sacerdocio levítico surgieron figuras tales como Yôchânân (Juan) el Bautista, cuyo origen sacerdotal refleja continuidad con los custodios de la Tôrâh. Es dentro de este mismo contexto del pacto que algunos seguidores tempranos de Yahusha son entendidos haber estado conectados a líneas sacerdotales responsables de preservar el corpus auténtico de Dabar Yahuah.

Por contraste, la tôrâh verdadera de las Escrituras no fue preservada ni establecida por Constantino, ni el Imperio Romano, ni instituciones religiosas posteriores. Estas entidades no poseían autoridad del pacto para guardar ni definir las Escrituras. A través de intervención política y teológica, alteraron, restringieron, y suprimieron escritos bíblicos reconocidos con el fin de avanzar paradigmas doctrinales que se apartaron de la verdad revelada. Como resultado, textos fundamentales relacionados con la Tôrâh—tales como Jubileos y Enoc—fueron marginados u ocultados del uso común, a pesar de su preservación dentro de tradiciones sacerdotales de los custodios del pacto.

Cuatrimestre I - Mes 1 - Semana 4 — CUSTODIOS DE LA TÔRÂH

LEER EL CAPÍTULO 2 DE YAHUAH: GUIA DE RESTAURACIÓN.

Ver los videos dados para herramientas suplementarias y apoyo.

LECTURAS ASIGNADAS DEL CAPÍTULO 2 – QUÉ EXTRAER

Mientras leen el capítulo 2 de Yahuah: Guia de Restauración, los estudiantes deben enfocarse en la custodia, transmisión, y custodios de la Tôrâh, no en polémicas contra tradición.

QUE EXTRAER DEL CAPÍTULO 2:

- El principio de que la Tôrâh precede al Sinaí y opera a través de la continuidad del pacto.
- La idea de que la instrucción divina es preservada a través de custodia encomendada, no meramente a través de preservación escrita.
- La diferencia entre autoridad derivada de obediencia y nombramiento versus autoridad derivada de institución o poder.
- La relación entre mandamiento, responsabilidad sacerdotal, y transmisión fiel sin alteración.

NO ENFOCARSE EN:

- Argumentos concernientes a Domingo vs. Shabbath como una controversia.
- Crítica polémica de instituciones religiosas más allá del asunto de la custodia.
- Repetición de argumentos canon-versus-tradición ya abordados en la Semana 3
- Interpretaciones personales o devocionales de obediencia.

El propósito del capítulo 2 en la Semana 4 es identificar quién guarda la Tôrâh y cómo protección es ejercida, no debatir tradición o redefinir canon.

CUATRIMESTRE I - MES 1 - SEMANA 4 - LECTURAS 2:

- Bereshith 18:19: Abraham mandó a sus hijos a guardar la Tôrâh (no la Tôrâh Mosaica).
- Bereshith 26:5: Abraham guarda la Tôrâh de Yahuah
- Šhemōṯh 28:1: Ahărôn es encomendado en guardar y proteger la Tôrâh de

Yahuah

- Yechezqêl 44:15: Los hijos de Lêwîy, los hijos de Tsâdôq presentados como los custodios verdaderos y custodios de la Tôrâh.
- Tehīllīm 110:4: Malkîy-Tsedeq el sumo sacerdote para siempre y el custodio final, dador y guardián de la tôrâh (Yahusha ha Mashiyach).

TÉRMINOS CLAVE Y DEFINICIONES (ENFOQUE DE LA SEMANA 4)

- Custodio: Una persona o grupo encomendado con la responsabilidad de guardar, proteger, preservar, y transmitir fielmente algo de valor. En este módulo, un guardián se refiere a aquellos designados para administrar Dabar Yahuah sin alteración, adición, o corrupción.

- Guardián: Uno que activamente defiende y salvaguarda lo que ha sido encomendado. Un guardián no solo preserva las Escrituras sino también las protegen de distorsión, asegurando que Dabar Yahuah permanezca intacta en enseñanza, transmisión, y práctica.

- Sacerdocio: El orden designado por pacto apartado para ministrar delante de Yahuah y para enseñar, preservar, y administrar Su Tôrâh entre el pueblo. El sacerdocio no es meramente liderazgo religioso; es un oficio del pacto autorizado con responsabilidades y límites definidos.

- Sumo Sacerdote: El sacerdote principal dentro del orden sacerdotal, llevando la responsabilidad del pacto más alta para intercesión, supervisión de servicio sagrado, y guardián de instrucción santa. En este módulo, el Sumo Sacerdote representa gobierno espiritual autorizado ligado directamente a la preservación de Dabar Yahuah.

- Qumrán: Una región cerca del Mar Muerto asociada con la preservación y copiado de manuscritos sagrados antiguos, incluyendo aquellos conocidos hoy como los Rollos del Mar Muerto. En el contexto del Instituto, Qumrán es referenciado como una ubicación histórica conectada a la preservación de las

- Escrituras y transmisión sacerdotal, no como una autoridad doctrinal en sí misma.

- Bethabara: Una designación geográfica asociada con la región del Jordán, tradicionalmente identificada como un lugar de transición y renovación. En este módulo, Bethabara es referenciada en relación a la transición del pacto, actividad sacerdotal, y preparación para restauración dentro de la narrativa bíblica más amplia y Qumrán.

- Yahusha: El Nombre restaurado usado por el Instituto para el Mesías. Yahusha ha Mashiyach es reconocido como el cumplimiento y encarnación perfecta de la Tôrâh de Yahuah, y la autoridad última que restaura entendimiento correcto de Dabar Yahuah. En este módulo, Yahusha es presentado como el Sumo Sacerdote final y fiel en cumplimiento del pacto.

- Constantino: Un emperador romano históricamente asociado con la integración formal del cristianismo dentro del sistema imperial romano. En este módulo, Constantino es referenciado como un representante de autoridad religiosa imperial, no como un guardián designado por pacto de las Escrituras.

- Imperio Romano: El sistema político e imperial que gobernó gran parte del mundo mediterráneo durante y después del período del Segundo Templo. En este módulo, el Imperio Romano representa influencia religiosa controlada por el estado, la cual está en contraste con el guardián de las Escrituras basada en pacto establecida por Yahuah.

- Libro de Jubileos: Una obra hebrea antigua estrechamente alineada con Berēšhīṯh y Šhemōṯh, enfatizando orden del pacto, mandamientos, tiempos señalados, y registro celestial. En este módulo, Jubileos es usado para sustentar los conceptos de testimonio celestial, continuidad de la Tôrâh, y preservación más allá de instituciones humanas.

- Libro de Enoc: Una colección de escritos antiguos atribuidos a Chanok (Enoc), abordando revelación celestial, juicio, rebelión, e instrucción divina. En este módulo, Enoc es usado para examinar instrucción pre-Sinaí, registro celestial, y el conflicto entre verdad y corrupción.

- Tôrâh Mosaica: La administración formal de la Tôrâh entregada por medio de Môsheh a Yâshâral. En este módulo, la Tôrâh Mosaica es entendida como una transmisión codificada de instrucción que ya existía, no el origen de la ley divina.

- Malkîy-Tsedeq: Una figura de sacerdote-rey presentada en las Escrituras como representando un orden sacerdotal no basado en descendencia Levítica. En este módulo, Malkîy-Tsedeq introduce el concepto de un sacerdocio más alto, perdurable, culminando en Yahusha ha Mashiyach como el Sumo Sacerdote del pacto último.

TAREAS DE ESTUDIO

Pausa tu lectura y completa lo siguiente antes de proceder. Relaciónate con el texto De las Escrituras directamente. No resumas opiniones de otros.

• ***Rastrear quién fue autorizado para guardar las Escrituras***

PENSAMIENTOS FINALES DE LA SEMANA 4

"El canon conocido hoy no fue el canon real establecido por Yahuah y guardado por los hijos de Ahărôn, el canon conocido hoy fue establecido y seleccionado por sacerdocio falso y el imperio de Roma. La tôrâh real fue guardada por los hijos de Tsâdôq, hijos de Ahărôn y preservada en Qumrán donde los rollos del Mar Muerto han sido hallados; dándonos la lista real de los libros guardados como tôrâh."

REFLEXIÓN FINAL (SEMANA 4)

"Yahuah preserva Su verdad a través de custodios del pacto, no a través de poder imperial."

DEMOSTRACIÓN DEL APRENDIZAJE
SE ESPERA QUE LOS ESTUDIANTES DEMUESTREN DOMINIO DEL CONTENIDO DEL MES 1 A TRAVÉS DE:

- Identificación precisa de estructuras de la autoridad de las Escrituras
- Diferencia clara entre el origen divino y la transmisión humana
- Uso lógico de las Escrituras para sustentar conclusiones
- Involucramiento fiel con textos asignados sin dependencia de sistemas teológicos secundarios

El progreso a módulos subsiguientes asume fluidez en los principios de Refuerzo Central.

CUATRIMESTRE I – MES 1 ENSAYO (ENTRENAMIENTO DE ESTRUCTURA Y MÉTODO)

Propósito de Esta Asignación

Este ensayo del primer mes no está diseñado para probar originalidad, sino para entrenar a los estudiantes en la estructura, método, y marco de autoridad requerida para todos los ensayos futuros de MBRS.

Se espera que los estudiantes estudien el ensayo de muestra provisto cuidadosamente, aprendan su estructura, lógica, y razonamiento de las Escrituras, y demuestren entendimiento al responder a la indicación usando el mismo marco organizacional.

Desde el Mes 2 en adelante, los estudiantes aplicarán esta estructura independientemente a temas nuevos.

Longitud del Ensayo

1,000–1,500 palabras

Indicación del Ensayo

Explicar cómo las Escrituras se presentan a sí misma como de origen divino, limitada canónicamente, y preservada oficialmente desde la Creación en adelante. Sustentar su explicación usando las lecturas asignadas.

Instrucciones (Importante)

- Este ensayo debe seguir la estructura demostrada en el ensayo de muestra del Mes 1
- Los estudiantes no deben inventar un formato nuevo o flujo organizacional

La meta es demostrar:
entendimiento del orden de autoridad,
uso correcto de las Escrituras como evidencia,
y habilidad de razonar directamente desde Dabar Yahuah.

Secciones Estructurales Requeridas
Su ensayo debe incluir las siguientes secciones en este orden:

- Enfoque Escogido (Alineado con Contenido del Término): Explicar por qué el tema de la autoridad de las Escrituras, origen, y preservación es fundamental para la restauración bíblica.
- Identificación del Problema y Sus Ramificaciones: Identificar cómo malentender la autoridad de las Escrituras conduce a confusión, inestabilidad, o dependencia doctrinal.
- Las Opiniones Falsas y Doctrinas de Hombres: Identificar suposiciones falsas comunes o tradiciones que tergiversan el origen, autoridad, o límites de las Escrituras.
- Perspectiva de las Escrituras Correcta (Con Evidencia): Usar las lecturas asignadas y Dabar Yahuah - Escrituras Yahuah para demostrar:
- origen divino de Dabar,
- establecimiento celestial,
- límites canónicos,
- preservación del pacto.
- Conclusión Personal y Aplicación: Explicar cómo restaurar la autoridad correcta ayuda al estudiante y a la comunidad a caminar en claridad y obediencia.

REQUISITOS DE FUENTES

- Todas las citas de las Escrituras deben venir de Dabar Yahuah - Escrituras Yahuah.
- Para consulta de términos Êber (Hebreos) y griegos debe usar la App de Dabar Yahuah - Escrituras Yahuah donde sea relevante.
- Las opiniones de otros, comentarios, o marcos teológicos externos no están permitidos.

ENFOQUE DE EVALUACIÓN

- Los ensayos serán evaluados en:
- fidelidad a la estructura provista,
- claridad de razonamiento de autoridad,
- uso apropiado de las Escrituras como evidencia,
- y alineación con el marco MBRS.

NOTA DE ENSEÑANZA AL ESTUDIANTE

Este ensayo establece el fundamento para todo trabajo académico futuro en MBRS. Dominen la estructura ahora, y la usarán a través del programa.
Entrega:
Ustedes enviarán su ensayo por escrito y darán su presentación de su ensayo en un formato de video, así demostrando su dominio de las enseñanzas y aprendizajes de este mes. No plagio, no contenido copiado, no contenido falso, solo contenido original y veraz será aceptado. Su nivel de dominio del concepto es el punto clave para determinar si están listos para el próximo término o no.
Estos son algunos de los criterios para su evaluación:
Citar las Escrituras con precisión, evitar especulación, demostrar Razonamiento Del pacto, mostrar progreso de la Semana 1 a la Semana 4.

ENSAYO DE MUESTRA (MODELO PARA TODOS LOS TÉRMINOS)

Cuando la Tradición Reemplaza Dabar
Cómo los Estudiantes Pierden Autoridad De las Escrituras y Cómo la Restauración Devuelve Claridad

Nombre del Estudiante: ____________________

ID del Estudiante: ____________________

Fecha (día, mes, año): ____________________

CURSO: CUATRIMESTRE 1 – MES 1 (MÓDULO 1)

Meta de Conteo de Palabras: 1,000–1,500 palabras

1. Tema Escogido (Alineado Con Este Término)

Este ensayo aborda el problema de tradición humana reemplazando Dabar Yahuah como el estándar de verdad. El Cuatrimestre 1 establece que Dabar se origina con Yahuah desde el principio, es registrado en testimonio celestial, y es preservado por medio del guardián del pacto. Por lo tanto, el conflicto entre tradición y Dabar no es una preocupación secundaria; es el asunto central que determina si la Escritura es abordada como instrucción divina o reducida a un sistema religioso humano.

Este tema es escogido porque un estudiante no puede avanzar en restauración bíblica sin primero entender de dónde viene la autoridad. Cuando la autoridad es malentendida, cualquier otra categoría llega a ser confundida: pacto, obediencia, canon, sacerdocio, salvación, y hasta identidad. La restauración comienza no con información nueva, sino con restaurar el orden correcto de la autoridad.

2. El Problema y Sus Ramificaciones

El problema primario es que muchos creyentes han sido entrenados para tratar tradición, doctrina institucional, y marcos religiosos heredados como iguales a—o mayores que—Dabar Yahuah. Aun cuando la Escritura es leída, a menudo es filtrada por sistemas que determinan qué es aceptable, ortodoxo, o permitido, en lugar de permitir que Dabar se defina a sí misma.

Esto crea una condición donde la Escritura es tratada como incompleta a menos que sea explicada por instituciones. Como resultado, los estudiantes llegan

a ser dependientes en autoridades fuera de Dabar y pierden la habilidad de razonar directamente desde la Escritura.
Ramificaciones

Este desorden de autoridad produce consecuencias serias:

- La Escritura llega a ser secundaria.
- Los estudiantes pueden leer la Escritura, pero obedecen la tradición. Cuando se les pide explicar su fe, dependen de marcos heredados en lugar de Dabar mismo.
- El canon llega a ser político en lugar del pacto.
- Los estudiantes asumen que los límites de la Escritura fueron decididos por concilios o imperios, en lugar de preservados por testimonio celestial y guardián del pacto.
- La obediencia llega a ser selectiva.
- Los mandamientos son tratados como opcionales o culturales, mientras las doctrinas de hombres son tratadas como absolutas morales.
- Los estudiantes llegan a ser inestables y fácilmente engañados.
- Sin un solo estándar de autoridad, cada enseñanza nueva aparece plausible. El estudiante vaga entre interpretaciones sin fundamento del pacto.
- La restauración llega a ser difícil.

Restauración requiere regresar a orígenes. Un estudiante entrenado por tradición a menudo resiste restauración porque restauración expone lo que la tradición ha reemplazado.
El asunto central por lo tanto no es desacuerdo, sino autoridad: ¿Quién define verdad—Yahuah o hombres?

3. Los Pensamientos Falsos, Tradiciones, y Doctrinas de Hombres

Marcos falsos a menudo aparecen antiguos, espirituales, y organizados, sin embargo son falsos porque anulan Dabar Yahuah.
Pensamiento Falso 1: "La Instrucción comienza en Sinaí."
Este pensamiento asume que ninguna instrucción divina existía antes de Môsheh. Descarta obediencia antes del Sinaí, ignora la fidelidad del pacto antes de Sinaí, y margina testimonio tales como Enoc y Abraham.

Pensamiento Falso 2: "El Canon es definido por aprobación institucional."
Esto entrena a los estudiantes a confiar en concilios y en los imperios en lugar de en el guardián del pacto y testimonio celestial.
Pensamiento Falso 3: "La Tradición es requerida para interpretar la Escritura."
Esto enseña que la Escritura es poco clara sin doctrina heredada, produciendo dependencia en lugar de involucramiento disciplinado con Dabar.
Pensamiento Falso 4: "Las Tradiciones son prácticas culturales inofensivas."
Yahusha confronta directamente las tradiciones cuando anulan el mandamiento.
El peligro no es la tradición como historia, sino tradición como autoridad.
Estos pensamientos producen estudiantes que citan Escritura mientras funcionan bajo un sistema diferente de autoridad.

4. La Perspectiva Bíblica Correcta (Sustentada por Escritura)
El cuatrimestre 1 establece que Dabar Yahuah se define a sí misma como divina, autoritaria, delimitada, y preservada.
A. Dabar Existe Desde el Principio
Bereshith 1:1–3 muestra que la creación misma es hablada y luego existe. La realidad comienza con Dabar.
Bereshith 2:16–17 confirma que el mandamiento y la obediencia existían al comienzo de la humanidad.
Jubileos 1:4–7 y 1 Enoc 1:1–2 testifican que la instrucción y el testigo profético preceden Sinaí.
B. Dabar Está Establecido en el Cielo
Šhemōṯh 24:12 y 31:18 muestran que la instrucción entregada a Môsheh se origina con Yahuah.
Šhemōṯh 25:9, 40 revela el patrón celestial - original / copia - terrenal.
Jubileos 6:17–19 y Enoc 81:1 afirman la permanencia de las Tablas celestiales.
Tehīllīm 119:89 declara que Dabar está asentado en el cielo.
C. Tradición Es Condenada Cuando Anula Mandamiento
Debārīm 4:2 establece límites claros.
Mattithyâhû 15:3–9 y Markos 7:6–13 muestran a Yahusha confrontando las

tradiciones que anulan Dabar. La tradición llega a ser engaño cuando reemplaza la obediencia.

D. Dabar Fue Preservada Por Medio del Custodio Del pacto

Bereshith 18:19 y 26:5 muestran obediencia antes de Sinaí.

Šhemōṯh 28:1 y Yechezqêl 44:15 definen el guardián sacerdotal.

Tehīllīm 110:4 introduce el orden de Malkîy-Tsedeq cumplido en Yahusha, confirmando continuidad y preservación.

La conclusión bíblica es clara: Dabar no es creada, editada, o autorizada por hombres. Se origina con Yahuah, es preservada por medio del pacto, y permanece por encima de la tradición.

5. Conclusión Personal, Solución, e Impacto Comunitario

La crisis que enfrentan los creyentes modernos no es falta de religión, sino falta de claridad de autoridad. Cuando la tradición es tratada como igual a la Escritura, la inestabilidad sigue. Cuando Dabar es restaurada como la autoridad más alta, la claridad regresa.

La restauración comienza por someterse a Dabar, no por acumular información.

Soluciones Prácticas

- Restaurar el orden de autoridad:

Dabar primero. La tradición segunda. Las instituciones de último.

- Desarrollar estudio disciplinado:

Leer la Escritura en orden cronológico y probar afirmaciones por Dabar solamente.

- Rechazar dependencia doctrinal:

Explicar la verdad usando Dabar Yahuah, no marcos heredados.

- Enseñar a otros el mismo patrón:

Ayudar a familias y comunidades a regresar a la claridad del pacto.

Cómo Esto Ayuda a Otros

Este enfoque produce estudiantes que:

- reconocen el engaño temprano,
- resisten a la manipulación,
- y enseñan restauración con confianza y evidencia.

Cuando la autoridad es corregida, todo llega a ser más claro—la salvación, el pacto, la obediencia, la identidad, y el propósito.

REFLEXIÓN FINAL

"Donde Dabar es restaurada como la autoridad más alta, la confusión pierde su poder—porque la verdad no es inventada en la Tierra; es establecida en el cielo por Yahuah."

Esta cita debe ser incluida literalmente en cada ensayo.
(Los estudiantes pueden reflexionar en esta cita, pero no pueden alterarla.)

CUATRIMESTRE I - MES 2 - SEMANA 5 — CUSTODIO SACERDOTAL
LA TRANSICIÓN DE LA AUTORIDAD DEL PACTO Y LA OBSOLESCENCIA DEL SACERDOCIO LEVÍTICO

Los resultados del aprendizaje de la Semana 5 — Custodio Sacerdotal

Al final de la Semana 5, los estudiantes deben poder:

- Identificar quién fue autorizado a guardar y administrar la Tôrâh bajo el pacto en Sinaí
- Explicar por qué el sacerdocio Levítico fue legítimo pero limitado por tiempo
- Demostrar por Êber 7–8 que la transición de sacerdocio requiere transición del pacto
- Explicar las características del sacerdocio de Malkîy-Tsedeq cumplido en Yahusha ha Mashiyach

CUATRIMESTRE I - MES 2 - SEMANA 5 - LECTURA

Leer el Capítulo 3 de Yahuah: Guia de Restauración
Propósito de la Semana 5
Establecer quién fue autorizado por Yahuah para guardar, enseñar, y administrar Su Tôrâh, y demostrar—por Las Escrituras solamente—que autoridad sacerdotal es del pacto, condicional, y transicional.
Esta semana establece una verdad fundamental de Yada Yahuah (teología) restaurada:
el sacerdocio Levítico fue designado divinamente por un tiempo, pero ha sido vuelto obsoleto por Yahuah Mismo a través del establecimiento del nuevo pacto y el sacerdocio eterno de Yahusha según el orden de Malkîy-Tsedeq.

CUATRIMESTRE I - MES 2 - SEMANA 5 - LECTURAS 2

- Šhemōṯh 28:1: Yahuah explícitamente llama a Ahărôn y a sus hijos a ministrar delante de Él, mostrando que el sacerdocio es designado divinamente, no escogido por hombres.
- Bemīḏbar 3:5–10: Yahuah asigna la tribu de Lêwîy para asistir al sacerdocio, guardando deberes sagrados, demostrando custodio estructurado bajo el pacto de Sinaí.
- Debārīm 33:8–10: Môsheh bendice a Lêwîy por enseñar los juicios de Yahuah y la Tôrâh, confirmando que la instrucción y la preservación fueron funciones sacerdotales centrales.

Estos pasajes establecen la validez del sacerdocio Levítico dentro de su contexto del pacto.

FUNDAMENTO DOCTRINAL: EL CAMBIO DEL SACERDOCIO (ÊBER 7-8)

- Êber (Hebreos) 7:12: Un cambio en sacerdocio requiere un cambio en administración del pacto.
- Êber (Hebreos) 8:8–9: Yahuah anuncia un nuevo pacto, explícitamente no según el anterior.
- Êber (Hebreos) 8:13: El pacto anterior es declarado viejo, obsoleto, y listo para desaparecer.

El veredicto es claro:
el sacerdocio Levítico ya no es requerido, operativo, ni autoritario.
El Sacerdocio Eterno

Las Escrituras presentan una forma de sacerdocio que precede al sistema Levítico y no es dependiente en linaje de tribu. Este sacerdocio es introducido a través de la figura de Malkîy-Tsedeq, identificado como un sacerdote de Alyon Al, y más tarde afirmado como eterno por declaración profética.
Malkîy-Tsedeq y El Sacerdocio Pre-Levítico

Antes del establecimiento del sacerdocio Levítico por medio de Môsheh, las Escrituras registran a Malkîy-Tsedeq como funcionando en un rol sacerdotal legítimo.

OBSERVACIONES CLAVE:

- Malkîy-Tsedeq aparece antes de Levi, demostrando que el sacerdocio existía antes del pacto Sinaí.
- Él bendice a Abraham, y Abraham responde ofreciendo un diezmo, indicando la autoridad reconocida en lugar de estatus asumido.
- Las Escrituras no proveen registro genealógico de su sacerdocio, distinguiéndolo de sistemas basados en linaje.

Esta presentación establece un sacerdocio definido por nombramiento divino, no ascendencia.

Declaración Eterna en Las Escrituras

Tehīllīm 110:4 declara: "Tú eres kôhên para siempre según el orden de Malkîy-Tsedeq."

El Cumplimiento y La Encarnación en Yahusha ha Mashiyach

ESTA DECLARACIÓN:

- Confirma la existencia de un orden sacerdotal no-Levítico
- Identifica este orden como eterno, no temporal o transicional
- Separa la autoridad sacerdotal de sucesión mortal

El énfasis no es en inmortalidad personal, sino en función del pacto perdurable.

- El Sacerdocio Eterno y Su Cumplimiento

Este sacerdocio eterno alcanza su cumplimiento en Yahusha ha Mashiyach, quien encarna el orden de Malkî-Tsedeq. En Él, el sacerdocio ya no es expresado por medio de prácticas ceremoniales repetidas ligadas al linaje Levítico, sino por medio de una mediación completada y fiel establecida por nombramiento divino.

EN YAHUSHA:

- El Sacerdocio está plenamente alineado con obediencia y fidelidad del pacto
- La Autoridad está establecida fuera de la descendencia Levítica
- El rol sacerdotal está completado y cumplido, no abolido

Yahusha no reemplaza la Tôrah; más bien, Él cumple su propósito sacerdotal. Por medio de Su perfecta fidelidad y mediación, la función del sistema ceremonial Levítico—sacrificio, intercesión, y expiación—es llevada a su consumación. Como resultado, la fidelidad del pacto ya no es mantenida por medio de sucesión ritual, sino por medio de la participación en un sacerdocio eterno.

EL SACERDOCIO ETERNO:

- Existe antes de Levi
- Opera por nombramiento divino en lugar de genealogía
- Es declarado eterno en Las Escrituras
- Es cumplido y encarnado en Yahusha

Esto afirma la continuidad en la autoridad del pacto mientras explica la transición de un sacerdocio ceremonial, basado en linaje, a un Sumo Sacerdote eterno cuya mediación fiel logra lo que el sistema Levítico anticipaba.

CUATRIMESTRE I - MES - SEMANA 5 - LECTURAS 2

Leer el Capítulo 3 de Yahuah: Guia de Restauración.
Ver los videos dados para herramientas suplementarias y apoyo.

ENLACE DEL TEXTO DEL CAPÍTULO 3 – LAS FIESTAS COMO ADMINISTRACIÓN DEL PACTO Y FUNCIÓN SACERDOTAL

El capítulo 3 provee el marco del pacto necesario para entender por qué la autoridad sacerdotal no es meramente un título, sino una administración ordenada de los tiempos señalados de Yahuah. Las fiestas bíblicas son presentadas como los propios môʿêdiym de Yahuah—convocaciones señaladas—por lo tanto, requiriendo mediación autorizada, enseñanza, y custodia conforme al debido proceso. Dentro de este marco, el sacerdocio es entendido como un oficio administrativo responsable por declarar, guardar, y ejecutar la orden del pacto, incluyendo tiempos sagrados, convocaciones, y estatutos.

El capítulo 3 también establece que las fiestas contienen dimensiones históricas, proféticas, y mesiánicas, y por lo tanto funcionan como un calendario del pacto estructurado por medio del cual la redención es enseñada y ensayada. Esto se alinea directamente con el propósito de la Semana 5: la autoridad es del pacto y transicional—lo que es administrado (la Tôrâh, los estatutos, los tiempos señalados) requiere un sacerdocio autorizado, y la transición al sacerdocio eterno de Yahusha necesariamente conlleva la transición de administración del pacto descrita en Êber (Hebreos) 7–8.

Lecturas asignadas del Capítulo 3 — Qué Extraer / Qué No Enfocar

Mientras leen el capítulo 3, los estudiantes deben limitar su atención a aquellos elementos que aclaran la administración del pacto y los custodios autorizados de la Tôrâh.

QUE EXTRAER DEL CAPÍTULO 3:

- La definición de fiestas como môʿêd (tiempos señalados) perteneciendo a Yahuah (no tradición humana), y la implicación de que los tiempos señalados requieren proclamación y administración autorizada.
- La presentación de fiestas como un calendario del pacto estructurado que funciona como enseñanza, recuerdo, y observancia regulada dentro de orden divino.
- La insistencia repetida de que las observancias bíblicas son descritas como estatutos "para siempre / a través de generaciones," y cómo este lenguaje funciona dentro de marcos del pacto de continuidad y administración.
- El uso de las fiestas como instrumentos de instrucción que apuntan al

Mesías (Yahusha), estableciendo que la administración del pacto incluye la formación teológica, no mera ejecución ritual.

NO ENFOCARSE EN:

- Los cálculos completos de calendarios, listados de fechas Gregorianas, o tablas específicas de año (estos funcionan como material de referencia, no el núcleo doctrinal de la Semana 5).
- Las descripciones culinarias, celebratorias, o de práctica de hogar excepto donde ilustran el principio de observancia regulada bajo la autoridad del pacto.
- Las comparaciones polémicas extendidas con fiestas paganas; el enfoque analítico es la estructura del pacto y la administración autorizada.
- La cobertura exhaustiva de cada detalle de las fiestas; la Semana 5 no es un prácticum comprensivo de las fiestas sino una unidad de autoridad-y-administración.

El propósito del capítulo 3 en la Semana 5 es identificar cómo los tiempos señalados funcionan como administración del pacto requiriendo mayordomía autorizada, y colocar esa administración dentro de la transición más amplia descrita en Êber (Hebreos) 7–8.

Este orden es cumplido y encarnado en Yahusha, el Sumo Sacerdote eterno.

TÉRMINOS CLAVE Y DEFINICIONES (SEMANA 5)

- Custodio Sacerdotal: Mayordomía designada por pacto de Dabar Yahuah
- Sacerdocio Levítico: Sistema del pacto temporal bajo Sinaí
- Sacerdocio de Malkîy-Tsedeq: Sacerdocio eterno cumplido en Yahusha
- Pacto Obsoleto: Un sistema vuelto nulo por acción divina

TAREAS DE ESTUDIO

Pausa tu lectura y completa lo siguiente antes de proceder. Relaciónate con el texto de las Escrituras directamente. No resumas opiniones de otros.

- ***Identifica quién guardó la Tôrâh bajo el pacto anterior***
- ***Identifica por qué ese sacerdocio es obsoleto***
- ***Identifica las características del sacerdocio eterno***

PENSAMIENTOS FINALES DE LA SEMANA 5

"El sacerdocio de Levi sirvió su propósito, pero no pudo completar redención. Yahuah Mismo lo declaró obsoleto y estableció un sacerdocio eterno en Yahusha."

REFLEXIÓN FINAL

"La verdadera autoridad se somete a lo que Yahuah ha establecido eternamente."

CUATRIMESTRE I - MES 2- SEMANA 6
LOS HIJOS DE TSÂDÔQ
EL SACERDOCIO FIEL VS EL SACERDOCIO CORRUPTO

Resultados del Aprendizaje de la Semana 6 — Los Hijos de Tsâdôq
Al final de la Semana 6, los estudiantes deben poder:

- Hacer la diferencia entre el sacerdocio fiel del sacerdocio corrupto usando ejemplos de las Escrituras
- Explicar cómo la autoridad sacerdotal puede ser revocada a pesar del linaje u oficio
- Identificar la obediencia como el indicador primario de la veracidad del pacto
- Demostrar cómo el mal manejo de instrucción conduce a descalificación sacerdotal

PROPÓSITO DE LA SEMANA 6

Entender cómo las Escrituras diferencian el sacerdocio fiel del sacerdocio corrupto y cómo la autoridad es preservada por medio de la obediencia.

CUATRIMESTRE I - MES 2 - SEMANA 6- LECTURA

- Yechezqêl 44:10–16: Solo los hijos de Tsâdôq son permitidos acercarse a Yahuah porque permanecieron fieles.
- 1 Shemûêl 2:27–35: La casa de Eli es juzgada y quitada debido a la corrupción.
- Malâkîy 2:4–8: Los sacerdotes son reprendidos por hacer tropezar a muchos mediante falsa enseñanza.
- Las Escrituras prueban que el sacerdocio puede ser revocado.

CUATRIMESTRE I - MES 2 - SEMANA 6 - LECTURA 2

Leer el Capítulo 4 de Yahuah: Guia de Restauración.
Ver los videos dados para herramientas suplementarias y apoyo.
Enlace Del texto del Capítulo 4 — Lenguaje, Instrucción, y Fidelidad Sacerdotal

El capítulo 4 establece el fundamento lingüístico necesario para entender cómo la autoridad sacerdotal es preservada o corrompida. Las Escrituras consistentemente presentan el sacerdocio como responsable no solo por función ritual, sino por enseñanza precisa y transmisión de la instrucción de Yahuah. Debido a que la revelación divina fue dada en hebreo, la fidelidad a la instrucción necesariamente incluye la fidelidad del lenguaje, el significado, y la pronunciación.

La diferencia entre el sacerdocio fiel del corrupto, por lo tanto, no está limitada a fracaso moral o negligencia ritual, sino que se extiende al manejo del lenguaje sagrado. La corrupción emerge cuando la instrucción es alterada, los significados son reformados, o los nombres divinos y los términos son modificados por conveniencia, tradición, o acomodación. El Sacerdocio fiel, por contraste, preserva lo que fue encomendado—sin innovación, distorsión, o sustitución.

Dentro del contexto de la Semana 6, el capítulo 4 refuerza que la autoridad es preservada por medio de la precisión y la obediencia, no por medio del linaje solamente. Aquellos que guardan la instrucción también deben guardar el lenguaje por medio del cual esa instrucción es transmitida.

LECTURAS ASIGNADAS DEL CAPÍTULO 4 – QUÉ EXTRAER / QUÉ NO ENFOCAR

Mientras leen el capítulo 4, los estudiantes deben limitar su atención al rol de la fidelidad del lenguaje en preservar la autoridad sacerdotal.

QUE EXTRAER DE CAPÍTULO 4:

- El principio de que el hebreo es el idioma original de la revelación divina y la instrucción.
- La relación entre transmisión precisa del lenguaje y la enseñanza fiel.
- Cómo alteraciones en pronunciación, letras, o sonidos funcionan como ejemplos de corrupción de la enseñanza en lugar de evolución lingüística neutral.

- La implicación teológica de que preservar nombres divinos y términos es parte de la mayordomía del pacto.

NO ENFOCARSE EN:

- La memorización del alfabeto hebreo entero.
- Los debates lingüísticos no relacionados a responsabilidad sacerdotal.
- Las discusiones culturales o étnicas separadas de la autoridad del pacto.
- Las metas generales del aprendizaje del idioma; la semana 6 no es un curso del idioma hebreo.

El propósito del capítulo 4 en la semana 6 es demostrar que el sacerdocio fiel incluye el manejo fiel de la revelación, y que la corrupción a menudo comienza con la alteración sutil de la instrucción en lugar de rebelión abierta.

TÉRMINOS CLAVE Y DEFINICIONES (SEMANA 6)

- Hijos de Tsâdôq: Un linaje sacerdotal identificado en Las Escrituras como permaneciendo fiel a Yahuah durante períodos de corrupción sacerdotal extendida. Los Hijos de Tsâdôq son presentados como un ejemplo de autorización del pacto mantenida por medio de la obediencia en lugar de meramente posición heredada.
- Sacerdocio Fiel: Servicio sacerdotal que permanece alineado con la instrucción del pacto por medio de la obediencia, integridad, y fidelidad al mandamiento divino. Un sacerdocio fiel preserva autoridad por mantener la Tôrâh, sin importar las administraciones cambiantes o presión histórica.
- Sacerdocio Corrupto: La autoridad sacerdotal que ha sido comprometida y últimamente quitada debido a la desobediencia, el interés propio, o la violación de la responsabilidad del pacto. Un sacerdocio corrupto puede retener oficio exterior o linaje mientras carece de autorización del pacto.

TAREAS DE ESTUDIO

Pausa tu lectura y completa lo siguiente antes de proceder. Relaciónate con el texto De las Escrituras directamente. No resumas opiniones de otros.

• Identifica las marcas del sacerdocio fiel

• Identifica las causas de la descalificación sacerdotal

PENSAMIENTOS FINALES DE LA SEMANA 6

"La autoridad sacerdotal es preservada por medio de la obediencia, no la herencia."

REFLEXIÓN FINAL

"La fidelidad preserva la autoridad; la corrupción la disuelve."

CUATRIMESTRE I - MES 2 - SEMANA 7
TEMPLO Y PRESERVACIÓN
PRESERVACIÓN HISTÓRICA Y VERIFICACIÓN DE LAS ESCRITURAS

Resultados del aprendizaje de la Semana 7 — Templo y Preservación

Al final de la Semana 7, los estudiantes deben poder:

- Identificar las ubicaciones de las Escrituras y los mecanismos de preservación
- Hacer la deferencia entre la preservación del texto de la visibilidad, del uso o del control institucional
- Explicar la importancia de Qumrán y los Rollos del Mar Muerto para la verificación De las Escrituras
- Demostrar que la preservación no equivale a la formación del canon

LEER EL CAPÍTULO 5 DE YAHUAH: GUIA DE RESTAURACIÓN

Propósito de la Semana 7
Identificar dónde se preservaron las Escrituras y comprobar su preservación a lo largo de la historia.

CUATRIMESTRE I - MES 2 - SEMANA 7 - LECTURA

- Debārīm 31:24–26: La Tôrâh es colocada junto al Arca del pacto.
- 2 Melāḵīm 22:8: El Libro de la Tôrâh es redescubierto, probando su supervivencia a pesar del descuido.
- Nechemyâh 8:1–3: La lectura pública restaura el entendimiento.
- Bên Sirâ 24:23–29: La sabiduría es identificada con la Tôrâh de Môsheh

INTEGRACIÓN DEL CAPÍTULO 5 – LA PRESERVACIÓN DEL NOMBRE DENTRO DEL TEXTO PRESERVADO

El Capítulo 5 de Yahuah: Guia de Restauración contribuye a la Semana 7 abordando qué fue preservado, no meramente dónde fue preservado. Las Escrituras asignadas esta semana establecen que la Tôrâh fue depositada junto al Arca, redescubierta después de períodos de descuido, y restaurada mediante la lectura pública. El Capítulo 5 complementa esta evidencia demostrando que aun cuando el uso, la pronunciación o el reconocimiento público fueron suprimidos, el texto mismo permaneció intacto.

Dentro del alcance del Templo y la preservación, el Capítulo 5 muestra que el Nombre divino (יהוה) perduró dentro de los manuscritos Êber (Hebreos) a pesar de la eliminación o sustitución en traducciones posteriores. Esto confirma el patrón de las Escrituras ya establecido en la Semana 7: la preservación no depende de la fidelidad institucional continua, práctica pública o aprobación imperial. La preservación es mantenida por Yahuah mismo, aun cuando los custodios fallan.

Lecturas asignadas del Capítulo 5 (Control de la Semana 7)

LOS ESTUDIANTES DEBEN EXTRAER:

La evidencia de que el Nombre divino permaneció incrustado en el texto hebreo a pesar de la supresión histórica.

- La diferencia entre la preservación del texto y la alteración litúrgica o de traducción.
- La confirmación de que la eliminación en la traducción no equivale a la pérdida del registro de las Escrituras original.
- La alineación con custodios no imperiales y patrones de preservación propios del desierto (como los de Qumrán).
- Los estudiantes NO deben enfocarse en:
- Fórmulas devocionales o prácticas de pronunciación.

- Debates polémicos sobre tradiciones religiosas.
- Argumentos lingüísticos no relacionados con la preservación.
- Expandir el capítulo más allá de la verificación de la supervivencia de las Escrituras.

Para la Semana 7, el Capítulo 5 se lee únicamente como evidencia de que la preservación incluye la integridad del texto mismo, reforzando que lo que Yahuah establece no puede ser borrado—solo ignorado, hasta ser redescubierto.
Qumrán y los Rollos del Mar Muerto
El descubrimiento de los Rollos del Mar Muerto en Qumrán (1947–1956) representa uno de los hallazgos arqueológicos más significativos relacionados con las Escrituras Hebreas. Estos manuscritos, fechados aproximadamente entre 250 a.C. y 70 d.C., anteceden a los manuscritos bíblicos Êber (Hebreos) previamente conocidos por casi mil años y proveen evidencia directa de cómo las Escrituras fueron preservadas durante el período del Segundo Templo.

- Transmisión Fiel

Los Rollos del Mar Muerto demuestran que las Escrituras Hebreas fueron transmitidas con notable precisión en el transcurso de largos períodos de tiempo.

Evidencia:
- Los textos bíblicos encontrados en Qumrán (incluyendo Isaías, Salmos, Deuteronomio y otros) se alinean estrechamente con manuscritos masoréticos posteriores.
- El Gran Rollo de Isaías (1QIsa^{a}), fechado alrededor del siglo II a.C., muestra un acuerdo sustancial en redacción, estructura y significado con textos Êber (Hebreos) medievales.
- Las variaciones que existen son principalmente:
- diferencias ortográficas
- orden de palabras
- formas gramaticales menores

Estas no alteran el significado doctrinal.
Este nivel de consistencia demuestra que las Escrituras no fueron libremente reescritas ni corrompidas, sino que fue transmitidas con cuidado intencional y fidelidad, confirmando continuidad en lugar de reinvención.

- Preservación Sacerdotal

Los Rollos revelan que el custodio de las Escrituras fue mantenido por comunidades profundamente comprometidas con pureza ritual, fidelidad del pacto y la obediencia a la Tôrâh.

Evidencia:

- Muchos textos de Qumrán enfatizan:

autoridad sacerdotal
leyes de pureza
tiempos señalados
obediencia del pacto

- Se entiende ampliamente que la comunidad detrás de los Rollos incluyó liderazgo sacerdotal y levítico, dedicado a guardar textos sagrados.
- Las prácticas de los escribas muestran:

métodos disciplinados de copia
reverencia por el Nombre divino
transmisión estructurada en lugar de reproducción casual

Las Escrituras fueron preservadas por custodios orientados al pacto, no por administradores políticos o instituciones imperiales. El carácter sacerdotal de los manuscritos refleja continuidad con modelos bíblicos de los Custodios.

CUSTODIOS NO IMPERIALES

Los Rollos del Mar Muerto proveen evidencia clara de que la preservación de las Escrituras ocurrió fuera del control imperial.

EVIDENCIA:

- Los Rollos fueron copiados y almacenados en:

cuevas
asentamientos desérticos
comunidades religiosas aisladas
—no en archivos romanos ni centros religiosos patrocinados por el estado.

- Varios textos critican explícitamente:

sacerdocios corruptos
autoridad centralizada
liderazgo comprometido en Yarushalayim

- Los manuscritos anteceden al posterior sistema institucional cristiano alineado con Roma, demostrando que las Escrituras existían y eran guardadas independientemente del respaldo imperial.

La preservación de las Escrituras fue llevada a cabo por comunidades fieles al pacto en lugar de imperios. Esto desafía afirmaciones posteriores de que los sistemas imperiales fueron los principales custodios de la verdad bíblica.

Los Rollos del Mar Muerto confirman que:

- La transmisión fiel preservó el contenido de las Escrituras con notable precisión.
- La preservación sacerdotal mantuvo las Escrituras dentro de comunidades basadas en el pacto.
- Los custodios no imperiales aseguraron que la instrucción divina fuera guardada fuera del poder político.

En conjunto, estos hallazgos afirman que las Escrituras fue sostenida mediante obediencia, disciplina y responsabilidad del pacto, no mediante imperio o autoridad institucional. Dan testimonio de la preservación, pero no definen canon.

Yôchânân y el Sacerdocio
Loukas 1 confirma el linaje sacerdotal de Yôchânân.
Su ministerio en el desierto se alinea con la restauración del pacto y la preparación para Yahusha.
Templos: Antes y Ahora
A lo largo de las Escrituras, el concepto del templo refleja cómo Yahuah habita entre Su pueblo y cómo Su instrucción es preservada. Aunque la forma del templo cambia con el tiempo, su propósito del pacto permanece consistente. La transición de una estructura física a una morada viva y encarnada no representa contradicción, sino progreso dentro del orden del pacto.
Antes: Físico y Resguardado
En las administraciones tempranas del pacto, el templo era una ubicación física designada por Yahuah para servicio sagrado, enseñanza y preservación.

Características Clave:
- Una estructura definida y consagrada (Tabernáculo y luego el Templo en Yarushalayim)
- Guardado por sacerdotes y levitas, cuyas responsabilidades incluían:
    - enseñar la Tôrâh
    - preservar escritos sagrados
    - mantener la pureza ritual
- Funcionaba como un centro de preservación, asegurando que la instrucción del pacto fuera protegida y transmitida fielmente

Propósito:
El templo físico servía como:
- una señal visible de la morada de Yahuah entre Su pueblo
- un sistema ordenado para salvaguardar el conocimiento del pacto

La presencia de un edificio no limitaba a Yahuah; más bien, proporcionaba estructura y responsabilidad dentro de la comunidad del pacto.
Ahora: En pacto y Encarnado

Con el cumplimiento del pacto a través del Mesías, el lugar de morada y preservación se desplaza de piedra a las personas.

CARACTERÍSTICAS CLAVE:

- La misma comunidad del pacto se convierte en la morada
- La instrucción es internalizada en lugar de almacenada en una sola ubicación
- La preservación fiel se lleva a cabo mediante:
    - la obediencia
    - la enseñanza
    - la encarnación vivida de la Tôrâh

ESTA TRANSICIÓN ENFATIZA:

- La fidelidad por relación sobre centralización geográfica
- La continuidad de instrucción en lugar de abandono del orden

Sin Contradicción, Solo Continuidad
El cambio de un templo basado en una ubicación a un pueblo habitado por el

Espíritu representa un cambio de forma, no de autoridad ni contenido.

- Antes: pacto preservado mediante la presencia física del Custodio
- Ahora: pacto preservado mediante la fiel encarnación

Ambos operan bajo la misma instrucción divina y propósito.

DECLARACIÓN FINAL:

La preservación no se alejó del orden del pacto, sino que se profundizó en él. Lo que una vez fue guardado en espacio sagrado ahora es llevado dentro de un pueblo fiel, asegurando continuidad en lugar de interrupción.

TÉRMINOS CLAVE Y DEFINICIONES (SEMANA 7)

- Templo: Un lugar de morada designado en el pacto donde la presencia, la instrucción y el orden de Yahuah eran administrados mediante servicio sacerdotal. El Templo funcionaba como un centro de enseñanza, preservación del testimonio sagrado y vida del pacto regulada, en lugar de ser meramente una estructura física.

- Arca del pacto: Un recipiente sagrado designado para albergar las tablas del testimonio, representando el testigo autorizado del pacto de Yahuah. El Arca servía como punto focal de presencia divina, responsabilidad del pacto y memoria dentro de la adoración e instrucción de Yâshâral.
- Lectura Pública: La proclamación comunitaria de la instrucción del pacto ante el pueblo, destinada a restaurar entendimiento, renovar obediencia y restablecer alineación con los mandamientos de Yahuah. La lectura pública funcionaba tanto como enseñanza como restauración correctiva dentro de la comunidad del pacto.

TAREAS DE ESTUDIO

Pausen su lectura y completen lo siguiente antes de proceder. Involúcrense con el texto De las Escrituras directamente. No resuman opiniones de otros.

- ***Identificar ubicaciones de preservación***
- ***Identificar mecanismos de restauración***

PENSAMIENTOS FINALES DE LA SEMANA 7

"Las Escrituras sobreviven al descuido porque Yahuah la preserva."

REFLEXIÓN FINAL

"Cuando la Palabra es redescubierta, la restauración comienza."

CUATRIMESTRE I - MES 2 - SEMANA 8
CONTINUIDAD SACERDOTAL
DEL LINAJE AL CUMPLIMIENTO ETERNO

RESULTADOS DEL APRENDIZAJE DE LA SEMANA 8 – CONTINUIDAD SACERDOTAL

Al final de la Semana 8, los estudiantes deben poder:

- Rastrear la continuidad sacerdotal desde la administración basada en el linaje hasta el cumplimiento eterno
- Hacer la diferencia entre cumplimiento y reemplazo en las transiciones del pacto
- Integrar Loukas, Êber (Hebreos) y el testimonio profético en una sola narrativa del pacto
- Explicar cómo Yahusha completa la autoridad sacerdotal sin abolir la Tôrâh

LEER EL CAPÍTULO 5 DE YAHUAH: GUIA DE RESTAURACIÓN

Propósito de la Semana 8
Rastrear la continuidad sacerdotal a través de los Testamentos y establecer el cumplimiento en Yahusha.

CUATRIMESTRE I - MES 2 - SEMANA 8 - LECTURA

- Loukas 1:5–17: El pacto renovado emerge del linaje sacerdotal.
- Juan 1:19–28: La veracidad sacerdotal es cuestionada durante la transición.
- Êber (Hebreos) 7:11–17: El sacerdocio eterno reemplaza el sistema provisional.

LOUKAS Y ÊBER (HEBREOS) – UN SOLO TESTIMONIO

Los escritos comúnmente conocidos como Loukas y Êber (Hebreos) presentan un testimonio unificado concerniente a la continuidad del pacto y el cumplimiento. En lugar de introducir sistemas competidores de Yada Yahuah (teología), estos textos funcionan juntos para documentar la preparación histórica y la culminación del pacto dentro del mismo propósito divino.

Loukas: Continuidad Histórica

El relato atribuido a Loukas documenta cuidadosamente el entorno histórico en el cual se desarrolla la restauración del pacto.

CONTRIBUCIONES CLAVE:

- Registra el servicio sacerdotal, la actividad del Templo y la obediencia del pacto en el período del Segundo Templo
- Preserva la continuidad entre las Escrituras Hebreas y los eventos que rodean al Mesías
- Presenta las transiciones del pacto como arraigadas en la historia, no como teología abstracta

La narrativa de Loukas demuestra que los eventos que conducen al cumplimiento ocurren dentro del orden del pacto establecido, no fuera de él.

Êber (Hebreos): Cumplimiento Del pacto

El escrito conocido como Êber (Hebreos) aborda el significado del pacto de esos eventos históricos.

CONTRIBUCIONES CLAVE:

- Explica la importancia sacerdotal del rol de Yahusha
- Interpreta las transiciones del sacerdocio como cumplimiento en lugar de cancelación
- Afirma la continuidad de la instrucción divina mientras aclara su administración sacerdotal completada

Êber (Hebreos) provee aclaración teológica sin desligarse de los fundamentos de las Escrituras.

Yôchânân (Juan): Preparación

Yôchânân funciona como la voz de preparación final dentro de la estructura del pacto existente.

CONTRIBUCIONES CLAVE:

- Llama al arrepentimiento y a la restauración, no a la innovación
- Opera dentro del linaje sacerdotal y el contexto del Templo
- Prepara al pueblo para la realineación del pacto en lugar del reemplazo

Su rol conecta la anticipación con el cumplimiento.
Yahusha: Cumplimiento
Yahusha encarna el cumplimiento de la instrucción del pacto y el propósito sacerdotal.

CONTRIBUCIONES CLAVE:

- Completa el rol sacerdotal mediante la obediencia perfecta
- Cumple las anticipaciones proféticas y del pacto
- Establece mediación sacerdotal eterna sin abolir la Tôrâh

En Yahusha, la intención del pacto alcanza la culminación, no contradicción.
Resumen

- Loukas registra la continuidad histórica
- Êber (Hebreos) explica el cumplimiento del pacto
- Yôchânân la prepara mediante la restauración
- Yahusha la cumple mediante la encarnación

Juntos, estos testimonios presentan una sola narrativa del pacto coherente en lugar de perspectivas teológicas divididas.

Integración del Capítulo 5 — El Nombre como Indicador de Continuidad Sacerdotal

El Capítulo 5 de Yahuah: Guia de Restauración apoya la Semana 8 al abordar la continuidad mediante identificación en lugar de ubicación.
Mientras que la Semana 7 se enfocó en la preservación del texto, la Semana 8 examina quién porta la autoridad del pacto a través de las transiciones. El

Capítulo 5 contribuye demostrando que el Nombre divino funciona como un indicador del pacto continuo a través de las administraciones sacerdotales. En Loukas 1, el linaje sacerdotal es preservado; en Juan 1, la autoridad sacerdotal es cuestionada durante la transición; en Êber (Hebreos) 7, el sacerdocio es cumplido eternamente en Yahusha. El Capítulo 5 complementa esta trayectoria mostrando que, aunque los roles sacerdotales, ubicaciones y administraciones cambian, el Nombre permanece constante, vinculando el sacerdocio basado en linaje con el cumplimiento eterno. La persistencia del Nombre a través de los Testamentos refuerza que la continuidad no se rompe, sino que es transferida y completada.

LECTURAS ASIGNADAS DEL CAPÍTULO 5 (SEMANA 8)

Los estudiantes deben extraer:

- Cómo el Nombre divino funciona como identificador de la continuidad del pacto a través de generaciones
- El rol del Nombre vinculado al linaje sacerdotal (Loukas) con el cumplimiento sacerdotal (Êber (Hebreos)
- Evidencia de que la continuidad no requiere uniformidad institucional, sino consistencia del pacto
- Cómo Yahusha encarna el cumplimiento sin abolir lo que le precede.

Los estudiantes NO deben enfocarse en:

- Argumentos de preservación ya tratados en la Semana 7
- Controversias de traducción no relacionadas con la continuidad sacerdotal
- Aplicaciones devocionales o polémicas de prácticas de nombramiento
- Repetición de historia de supresión o restauración

Para la Semana 8, el Capítulo 5 no se lee como un estudio de preservación, sino como evidencia de que lo que Yahuah establece—Nombre, pacto, autoridad—permanece continuo hasta ser cumplido en Yahusha.

TÉRMINOS CLAVE Y DEFINICIONES (SEMANA 8)

- Continuidad Sacerdotal: La transmisión continua de autoridad y la responsabilidad del pacto de una administración sacerdotal designada a otra, sin interrupción en la instrucción divina ni en el propósito. La continuidad sacerdotal afirma que el orden del pacto de Yahuah se mantiene mediante mayordomía fiel en lugar de ser terminado por el cambio histórico.
- Pacto Renovado: El cumplimiento del pacto en el cual la instrucción divina existente es reafirmada, internalizada y correctamente aplicada mediante el Mesías, en lugar de ser abolida o reemplazada. El pacto renovado enfatiza la restauración de la obediencia y el entendimiento, no la cancelación de la Tôrâh.
- Transiciones del Sacerdocio: El proceso dirigido divinamente mediante el cual los roles sacerdotales del pacto se mueven de una administración a otra de acuerdo con el propósito de Yahuah, culminando en consumación en lugar de interrupción. Tales transiciones preservan la continuidad mientras llevan el orden del pacto a su plenitud intencionada.

TAREAS DE ESTUDIO

Pausen su lectura y completen lo siguiente antes de proceder. Involúcrense con el texto de las Escrituras directamente. No resuman opiniones de otros.

• Rastrear continuidad del pacto

• Identificar el cumplimiento vs el reemplazo

PENSAMIENTOS FINALES DE LA SEMANA 8

"Yahuah cumple lo que Él establece."

REFLEXIÓN FINAL

"La continuidad prueba fidelidad del pacto."

CUATRIMESTRE I — MES 2 - REFUERZO A REALIZAR (SEMANAS 5–8)

PROPÓSITO

Esta sección existe para reforzar fundamentos centrales de Yada Yahuah (teología) del Mes 2.

Si cualquiera de los siguientes conceptos no está claro, el estudiante debe regresar a la semana correspondiente antes de continuar.
El Sacerdocio es Designado En Pacto (Semana 5)

EL ESTUDIANTE DEBE ENTENDER CLARAMENTE QUE:

- El sacerdocio es autorizado por Yahuah, no por elección humana.
- El sacerdocio levítico fue:

Legítimo
Limitado en el tiempo

Específico al pacto

- Êber (Hebreos) establece:

Un cambio de sacerdocio
Un cambio correspondiente de administración del pacto

- Yahusha funciona como:

Sumo Sacerdote
Según Malkîy-Tsedeq
Eterno y no genealógico

Si el estudiante aún cree que el sacerdocio es permanente solo por linaje, la Semana 5 debe ser revisada.

LA AUTORIDAD SE PRESERVA POR OBEDIENCIA, NO POR OFICIO (SEMANA 6)

El estudiante debe poder Hacer la diferencia:

- El sacerdocio fiel vs el sacerdocio corrupto
- El linaje vs la veracidad
- La autorización del pacto vs la descalificación

CONCLUSIONES CLAVE:

- La autoridad puede ser revocada
- La obediencia preserva el acceso
- La corrupción anula la autoridad
- Los hijos de Tsadôq son el modelo bíblico de fidelidad al pacto.

Si el estudiante asume que el oficio religioso garantiza autoridad, la Semana 6 debe ser revisada.

La Preservación no Depende de Visibilidad ni Poder (Semana 7)

EL ESTUDIANTE DEBE COMPRENDER QUE:

- Las Escrituras sobreviven al descuido, supresión y exilio
- La preservación ocurrió:

Junto al Arca

En el Templo

En el desierto

FUERA DEL CONTROL IMPERIAL

- El redescubrimiento es un patrón de las Escrituras recurrente
- La preservación no equivale a la formación del canon

EL ESTUDIANTE TAMBIÉN DEBE ENTENDER QUE:

- La lectura pública restaura el entendimiento
- La pérdida de acceso no equivale a pérdida del texto

Si el estudiante confunde la preservación con el control institucional continuo, debe revisarse la Semana 7.

La Continuidad es Cumplida, no Cancelada (Semana 8)

EL ESTUDIANTE DEBE PODER RASTREAR:

- El linaje → la transición → el cumplimiento
- Loukas como histórica continuidad
- Êber (Hebreos) como culminación del pacto

CONCLUSIONES CLAVE:

- La continuidad no significa igualdad
- El cumplimiento no equivale a abolición
- Yahusha lleva a plenitud lo que le precede.
- La autoridad del pacto es transferida, no borrada

Si el estudiante cree que el Nuevo Pacto cancela lo anterior, la Semana 8 debe ser revisada.

PRINCIPIO FUNDAMENTAL ACUMULATIVO DEL MES 2

El estudiante ahora debe poder articular lo siguiente sin contradicción:
Yahuah establece las estructuras del pacto, las preserva mediante la obediencia, permite transiciones por Su voluntad, y las cumple sin romper la continuidad.
La incapacidad de articular este principio indica dominio insuficiente del Mes 2.
Acción Obligatoria del Estudiante

ANTES DE COMENZAR EL MES 3, EL ESTUDIANTE DEBE:

- Releer cualquier semana donde permanezca confusión
- Reconciliar Êber (Hebreos) con la Tôrâh, no contra ella
- Hacer la diferencia entre preservación, autoridad, continuidad y cumplimiento como categorías separadas pero relacionadas

Nota de Posicionamiento Académico

Este módulo aborda textos de las Escrituras y evidencia histórica mediante un marco de evaluación del pacto. Aunque existen modelos académicos alternativos respecto al sacerdocio, la formación del canon y la autoridad institucional, este Instituto evalúa la veracidad conforme al testimonio de las Escrituras y la designación del pacto en lugar de consenso eclesiástico posterior.

El compromiso con fuentes antiguas como Jubileos, Enoc y los Rollos del Mar Muerto se debe a su valor como evidencia respecto a la preservación y la continuidad, no como apelaciones a la tradición posterior.

ALINEACIÓN DE EVALUACIÓN – MES 2

Cada semana del Mes 2 contribuye directamente a la evaluación acumulativa del ensayo:

- La semana 5 establece el marco del sacerdocio autorizado
- La semana 6 define la veracidad mediante la obediencia y la fidelidad
- La semana 7 verifica la preservación histórica y de las Escrituras
- La semana 8 demuestra la continuidad y el cumplimiento en Yahusha

Los estudiantes deben integrar las cuatro dimensiones—autoridad, obediencia, preservación y continuidad—en una sola explicación coherente del pacto.

ENSAYO DEL MES 2

Número de palabras: 1,000–1,500
Asignación:
Explicar cómo las Escrituras identifican a sus custodios autorizados y cómo la fidelidad sacerdotal preserva la confianza canónica. Apoyar la explicación usando las lecturas asignadas.

Los estudiantes deben seguir la PLANTILLA DE ENSAYO BLOQUEADA establecida en el Mes 1.

CITA DE REFLEXIÓN FINAL (OBLIGATORIA)

"Donde Dabar es restaurada como la autoridad más alta, la confusión pierde su poder—porque la verdad no es inventada en la Tierra; es establecida en el cielo por Yahuah."

CUATRIMESTRE I - MES 3

ORIENTACIÓN ACADÉMICA – CUATRIMESTRE I · MES 3

El mes 3 entrena a los estudiantes a evaluar los Apokryfos como testigos del pacto preservados dentro del marco restaurado del Instituto. Los estudiantes analizarán la supresión, transmisión, continuidad doctrinal, y la unidad del lenguaje del pacto como mecanismos del pacto—no como debates institucionales posteriores.

Este módulo no está diseñado para argumentar emocionalmente a favor o en contra de canon posteriores. Está diseñado para enseñar razonamiento del pacto disciplinado: cómo los escritos preservados aclaran las enseñanzas ya establecidas, cómo la continuidad funciona a través del pacto, y cómo el significado es preservado bajo presión.

SE ESPERA QUE LOS ESTUDIANTES:

- Se familiaricen con los textos primarios directamente y en contexto
- Hagan la diferencia entre la preservación y la canonización institucional
- Demuestren la continuidad por medio de la comparación y las conexiones entre los textos
- Rastreen la doctrina por medio de definiciones del pacto en lugar de categorías teológicas posteriores
- Usen términos precisos y conclusiones controladas sustentadas por pasajes citados

Las afirmaciones sin sustento no son aceptadas. Las conclusiones deben ser rastreables a lecturas asignadas.

RESUMEN DEL MÓDULO 3

Este módulo estudia los Apokryfos como testigos del pacto preservados, autoritarios, dentro del marco bíblico restaurado. El propósito de este módulo no es argumentar contra canon institucionales posteriores, sino enseñar a los estudiantes cómo las Escrituras mismas preservan, transmiten, y aclaran la verdad a través de generaciones.

Los Apokryfos no fueron escritos para reemplazar la Tôrâh o los Profetas. Existen para preservar el conocimiento del pacto, aclarar doctrinas ya establecidas, y mantener la continuidad entre los fundamentos de la Tôrâh y las enseñanzas asumidas en los escritos del pacto Renovado.

Los estudiantes aprenderán que las Escrituras nunca estuvo en "silencio" entre testamentos. En su lugar, escritos específicos fueron preservados bajo custodios sacerdotal, protegidos de mal uso y distorsión hasta su tiempo señalado de entendimiento.

AL FINAL DE ESTE MES, EL ESTUDIANTE ENTENDERÁ QUE LOS APOKRYFOS:

- fueron preservados intencionalmente, no accidentalmente
- fueron ocultados para protección, no rechazo
- no introducen doctrina nueva
- aclaran enseñanzas asumidas por Yahusha y los emisarios
- demuestran continuidad doctrinal a través de los pactos
- exponen la idea falsa de un período intertestamental "silencioso"

Yadaʿ Yahuah — La Continuidad del Conocer y el Significado del Pacto

El Módulo 3 continúa la metodología del pacto restaurada usada en los Módulos 1–2 mientras la aplica a los escritos preservados comúnmente designados como Apokryfos.

ESTE MÓDULO SE RIGE POR LOS SIGUIENTES PRINCIPIOS DE INTERPRETACIONES:

- La Supresión no Equivale a Rechazo

Las Escrituras demuestran que Yahuah gobierna el tiempo de revelación. La instrucción escondida puede ser preservada para protección hasta un tiempo señalado de entendimiento.

- La Preservación Es del pacto, No Institucional

Los textos sobreviven por medio de los custodios del pacto y la preservación divina, no por medio del imperio, la popularidad, o el control religioso centralizado.

- La Continuidad Es Demostrada por el Patrón y el Significado

La continuidad es identificada por medio de temas del pacto repetidos, anticipaciones, y definiciones doctrinales a través de escritos—no por medio de etiquetado institucional.

- Método de Transición del pacto

Los Apokryfos funcionan como testigos preservados que llevan adelante patrones del pacto más tarde asumidos y cumplidos en los escritos del pacto Renovado.

- El Lenguaje del pacto Salvaguarda la Doctrina

Los términos del pacto clave preservan significado doctrinal a través del tiempo. El lenguaje es tratado como portador de fidelidad del pacto, no un accidente cultural.

Estos principios gobiernan todas las lecturas, tareas semanales, y evaluaciones en el Mes 3.

RESULTADOS DEL APRENDIZAJE DEL MÓDULO 3

Al final del Cuatrimestre I – Mes 3, los estudiantes deben poder:

- Explicar por qué la supresión puede ser gobernada divinamente y en el pacto con propósito
- Identificar cómo escritos preservados funcionan como testigos del pacto en lugar de doctrina alterna
- Demostrar cómo los Apokryfos funcionan como una transición del pacto entre fundamentos del pacto anterior y el cumplimiento del pacto Renovado
- Defender la esperanza de la resurrección como una anticipación del pacto preexistente en lugar de una invención doctrinal tardía
- Hacer la diferencia entra la preservación del texto y el significado de la canonización institucional
- Demostrar la unidad del lenguaje del pacto rastreando términos del pacto consistentes a través de múltiples escritos
- Producir un argumento estructurado sustentado por referencias de textos explícitos de las lecturas asignadas

El dominio se demuestra por medio de citas precisas, razonamiento del pacto, y coherencia a través de los textos.

CUATRIMESTRE I - MES 3 - SEMANA 9
POR QUÉ EXISTEN LOS APOKRYFOS

Escondidos Pero Preservados por Diseño Divino

Resultados del Aprendizaje de la Semana 9 — Por Qué Existen los Apokryfos

AL FINAL DE LA SEMANA 9, LOS ESTUDIANTES DEBEN PODER:

- Hacer la diferencia entre la supresión y el rechazo usando evidencia de las Escrituras
- Explicar la revelación cronometrada divinamente y dirigida por el pacto
- Identificar cómo la preservación puede funcionar como la protección contra distorsión
- Definir los Apokryfos dentro del marco del Instituto como custodio del pacto

PROPÓSITO DE LA SEMANA 9

El propósito de esta semana es establecer un principio fundamental para todo estudio restaurado: La supresión no equivale a rechazo. Muchos estudiantes se acercan a los Apokryfos asumiendo que lo que está escondido debe ser falso, peligroso, o no inspirado. La Escritura misma refuta esta suposición.
Yahuah gobierna la revelación. Él determina qué es revelado, cuándo es revelado, y a quién es revelado. La preservación y la supresión a menudo son actos de protección divina, no pérdida o corrupción.

CUATRIMESTRE 1 - MES 3- SEMANA 9 - LECTURA

- Debārīm 29:29: Este pasaje establece que no toda verdad es revelada al mismo tiempo. Algunos asuntos pertenecen a Yahuah, mientras que otros son revelados para obediencia. La revelación sirve al propósito del pacto, no para curiosidad.
- Dânîyêl 12:4, 9–10: A Dânîyêl se le manda sellar ciertas palabras hasta un tiempo señalado. Esto prueba que la supresión puede ser mandado por Alôhîym Mismo y no es el resultado del fracaso humano.
- Bên Sirâ: En el prólogo explica la transmisión cuidadosa de sabiduría a

través de generaciones y lenguajes, afirmando la preservación en lugar de la innovación.

- Bên Sirâ 24:30–34: La sabiduría es descrita como abundante y desbordante más allá de una sola generación, mostrando que el conocimiento puede existir mucho antes de ser plenamente entendido.

EXPLICACIÓN DIDÁCTICA

Los Apokryfos existen porque algún conocimiento del pacto requería protección antes de revelación. Estos escritos fueron preservados para prevenir la distorsión, el mal uso, y la interpretación prematura. Fueron escondidos para salvaguarda, no por supresión.

TÉRMINOS CLAVE Y DEFINICIONES (SEMANA 9)

- Los Apokryfos: Los escritos preservados bajo los custodios del pacto que fueron intencionalmente salvaguardados en lugar de ser ampliamente circulados. El término "escondido" se refiere al método y tiempo de preservación, no a una falta de valor espiritual o autoridad dentro de la instrucción del pacto.
- La supresión: La retención deliberada de la revelación por Yahuah hasta un tiempo del pacto señalado, asegurando que la instrucción preservada sea revelada según el propósito divino en lugar de la preparación o la demanda humana.
- La revelación: El desvelamiento de una verdad previamente preservada, revelada en el tiempo dispuesto por Yahuah, conforme al propósito del pacto y su cumplimiento, y no mediante innovación o alteración.

TAREAS DE ESTUDIO

Pausen su lectura y completen lo siguiente antes de proceder. Involúcrense con el texto de las Escrituras directamente. No resuman opiniones de otros.

- ***Hacer la diferencia entre la supresión y el rechazo***
- ***Identificar el tiempo divino en la revelación y la preservación***

PENSAMIENTOS FINALES DE LA SEMANA 9

"Escondido no significa rechazado; significa señalado para revelación."

REFLEXIÓN FINAL

"Yahuah oculta la verdad para protegerla, luego la revela para restaurar el entendimiento."

CLARIFICACIÓN DOCTRINAL

Lo Que Queremos Decir por "Tôrâh" en Este Instituto

Antes de proceder más adelante, los estudiantes deben entender cómo la palabra Tôrâh es usada en este Instituto.

Tôrâh no simplemente significa "ley." Significa instrucción, enseñanza, y dirección divina. Mientras el Pentateuco es fundamental, la Tôrâh misma es más amplia que cinco libros. Incluye la instrucción del pacto, la enseñanza moral, y el testimonio preservado, guardado por custodios designados.

Cuando este Instituto se refiere a ciertos escritos como funcionando dentro de la Tôrâh, no significa que añaden mandamientos o anulan la Escritura. Significa que operan dentro del marco de las enseñanzas del pacto, reforzando y aclarando lo que Yahuah ya estableció.

LOS APOKRYFOS PRESERVADOS BAJO EL CUSTODIO SACERDOTAL

Testigos de las Enseñanzas del pacto

Los siguientes escritos fueron preservados por los custodios del pacto, incluidos los custodios sacerdotales vinculados a Qumrán y otras tradiciones afines. Fueron preservados porque se alinearon doctrinalmente, apoyaron la Yada Yahuah (teología) del pacto, y aclararon las enseñanzas ya presentes en la Tôrâh y los Profetas.

Estos escritos son presentados para visión histórica, de enseñanza, y del pacto, demostrando cómo las comunidades fieles preservaron la sabiduría, la instrucción, e identidad más allá de las instituciones centralizadas.

- Chănôk (Enoc): Una colección de enseñanzas antiguas asociadas con el período patriarcal temprano, enfatizando orden celestial, juicio, e instrucción pre-Sinaí. Enoc provee visión en responsabilidad del pacto antes del sacerdocio institucional.

- Yôbêl (Jubileos): Un recuento de Berēšhīṯh y Šhemōṯh estructurado alrededor de tiempos señalados, orden del pacto, y registro celestial. Jubileos enfatiza la continuidad de la Tôrâh y la fidelidad del calendario bíblico más allá de las instituciones políticas posteriores.
- Bên Sirâ (Sirach): Un texto de sabiduría del período del Segundo Templo enfocado en la instrucción ética, la reverencia por la Tôrâh, y la vida del pacto práctica dentro de la vida diaria.
- Chokmâh Shelômôh (Sabidurías de Salomón): Una obra de sabiduría abordando la justicia, el juicio, y la fidelidad del pacto, escrita para fortalecer la identidad y la obediencia entre Yâshâral en un ambiente helenístico.
- 1 y 2 Ezrâ (Esdras): Textos reflejando la lucha posterior al exilio, la restauración, y la justicia divina, abordando preguntas de resistencia del pacto después del juicio nacional.
- Ṭôbîyâhû (Ṭôbîyâhû (Tobías)): Una narrativa enfatizando la fidelidad del pacto, la oración, y la obediencia entre los Yâshâraliy viviendo en dispersión, resaltando la confianza en la providencia divina fuera de la Tierra.
- Tephillâh Menashsheh (Oración de Manasseh): Una oración penitencial expresando el arrepentimiento y la restauración, tradicionalmente asociada con el exilio y la humildad del pacto ante Yahuah.
- Bârûk: Una obra acompañante conectada con la tradición profética de Yirmeyâhû, enfocada en el arrepentimiento, la sabiduría, y la esperanza del pacto durante el exilio.
- Sêpher Yirmeyâhû (Carta de Jeremías): Una carta didáctica advirtiendo contra idolatría, reforzando la lealtad del pacto entre los Yâshâraliy viviendo bajo el dominio extranjero.
- Shôshannâh (Susanna): Una narrativa resaltando la justicia, el testimonio falso, y el juicio justo, reforzando la ética del pacto y la responsabilidad.
- Tephillâh Ăzaryâhû (Oración de Azarías): Una oración enfatizando el arrepentimiento y la fidelidad durante la prueba, reforzando la confianza en Yahuah en medio de la persecución.
- Bêl Tannîyn (Bel y el Dragón): Una narrativa exponiendo la idolatría y el engaño, reforzando la lealtad del pacto y el discernimiento en ambientes religiosos extranjeros.

Estos escritos fueron preservados porque sirvieron de instrucción, no de innovación. Se mantienen dentro del continuum del pacto, no fuera de él.
Enlace del Capítulo — Yahuah: Guia de Restauración (Capítulo 6)
Constantino y el Concilio de Nicea

PROPÓSITO

Esta sección no es un sondeo histórico del cristianismo romano. Los estudiantes son instruidos a extraer solo lo que explica directamente por qué la supresión llegó a ser necesaria.

QUÉ EXTRAER DEL CAPÍTULO 6

- Cómo la autoridad imperial, no el guardián sacerdotal, determinó el control religioso
- Cómo las autoridades no-levíticas, no-del pacto asumieron poder de interpretación
- Cómo la unidad política requirió la teología de reemplazo, no de preservación
- Por qué los escritos fuera del control imperial fueron marginados, escondidos, o demonizados

EN QUÉ NO ENFOCARSE

- Las polémicas
- Las reacciones emocionales
- Los debates de religión comparativa
- Los argumentos sobre las denominaciones modernas

El objetivo de la enseñanza es entender por qué la preservación los Apokryfos llegó a ser necesaria, no debatir historia romana.

El Capítulo 6 demuestra que la supresión no fue accidental. Una vez que la autoridad del pacto fue reemplazada por el imperio, la preservación de la verdad requirió la separación. Los textos escondidos sobrevivieron porque fueron

guardados fuera de los sistemas imperiales.
Mattithyâhû 24:24

"Porque falsos Mâshîyach y falsos profetas se levantarán y harán grandes señales y maravillas, de tal manera que, si fuera posible, engañarían aun a los escogidos."
La supresión fue protección, no pérdida.
Los Apokryfos no fueron rechazados por Yahuah. Fueron resguardados del imperio. Esperaron la restauración.

CUATRIMESTRE I - MES 3 — SEMANA 10: TRANSICION DEL PACTO

La figura del Justo Sufriente en de los Escritos

Resultados del aprendizaje de la Semana 10 — Transición del pacto

Al final de la Semana 10, los estudiantes deben poder:

- Demostrar continuidad entre los Apokryfos y los textos del pacto Renovado por medio de alineación entre textos
- Explicar el "La figura del Justo Sufriente" como un patrón del pacto preservado en lugar de una invención posterior
- Definir la transición del pacto, vindicación, y La figura del Justo Sufriente como categorías del pacto
- Usar lectura comparativa para argumentar la continuidad sin afirmar innovación doctrinal

PROPÓSITO DE LA SEMANA 10

Demostrar cómo los Apokryfos funcionan como una transición del pacto, preservando temas y anticipaciones luego cumplidas y asumidas en el Pacto Renovado.

CUATRIMESTRE I - MES 3 - SEMANA 10 - LECTURA

- Sabidurías de Salomón 2:12–20: Describe al justo siendo burlado, probado, condenado, y muerto porque su vida expone al impío. Este pasaje preserva una anticipación mesiánica antes del ministerio de Yahusha.
- Sabidurías de Salomón 5:1–5: Describe la vindicación del justo después de sufrir, revelando la ceguera de aquellos que lo rechazaron.
- Mattithyâhû 27:39–43: La burla de Yahusha refleja el lenguaje de Sabidurías con precisión, demostrando la continuidad en lugar de coincidencia.
- Prásso 7:51–53: Stephanos confirma que el rechazo del justo es un patrón histórico, no un evento nuevo.

El Pacto Renovado no inventa el Mâshîyach sufriente. Revela lo que ya fue testificado.

LEER EL CAPÍTULO 7 DE YAHUAH: GUIA DE RESTAURACIÓN

Las Primeras Biblias - Enfoque de Alineación — Transmisión Canónica
El capítulo 7 establece la transmisión histórica de la Escritura de hebreo a griego y latín, demostrando que, aunque sistemas imperiales moldearon la circulación posterior de la Biblia, el testimonio del pacto anterior permaneció preservado.

DEL CAPÍTULO 7, LOS ESTUDIANTES DEBEN RECONOCER:

- Que la circulación temprana de la Biblia dependió de traducciones en lugar del custodio hebrea original.
- Que autoridad imperial y eclesiástica influenciaron en la distribución del canon, pero no originaron testimonio del pacto.
- Que los escritos preservados existieron antes de la consolidación posterior del canon, permitiendo que temas como La figura del Justo Sufriente permanecieran intactos a través de las generaciones.
- Que la continuidad entre literaturas de Sabiduría y los escritos del pacto Renovado es el resultado de la preservación, no invención retroactiva.

TÉRMINOS CLAVE Y DEFINICIONES (SEMANA 10)

- Transición del pacto: Un testigo de las Escrituras preservado que enlaza anticipación del pacto anterior con cumplimiento posterior, demostrando la continuidad del propósito divino a través del tiempo en lugar de la ruptura teológica. Una Transición del pacto muestra cómo la promesa, el patrón, y la instrucción son llevados adelante hacia cumplimiento.
- La figura del Justo Sufriente: Un siervo del pacto fiel que permanece obediente en medio de persecución, injusticia, o rechazo, cuyo sufrimiento sirve como testimonio en lugar de descalificación y es finalmente respondido por vindicación divina. Este patrón aparece repetidamente en la historia del pacto y apunta hacia su cumplimiento.
- Vindicación: El acto por el cual Yahuah públicamente y en el pacto confirma la justicia de un siervo fiel después de sufrir, demostrando que la obediencia—no la oposición o el sufrimiento—determina la veracidad y la autoridad.

TAREAS DE ESTUDIO

Pausen su lectura y completen lo siguiente antes de proceder. Involúcrense con el texto De las Escrituras directamente. No resuman opiniones de otros.

• Rastrear el patrón de La figura del Justo Sufriente a través de los escritos

• Identificar la continuidad entre la anticipación preservada y el cumplimiento revelado

PENSAMIENTOS FINALES DE LA SEMANA 10

"El Pacto Renovado revela lo que los Apokryfos preservaron."

REFLEXIÓN FINAL

"Lo que fue escrito en silencio es revelado en cumplimiento."

CUATRIMESTRE I: MES 3 — SEMANA 11
CLARIDAD DOCTRINAL
LA RESURRECCIÓN Y LA ESPERANZA DEL PACTO

RESULTADOS DEL APRENDIZAJE DE LA SEMANA 11 – CLARIDAD DOCTRINAL

Al final de la Semana 11, los estudiantes deben poder:

- Defender la doctrina de la resurrección como esperanza del pacto preservado antes de los escritos del pacto Renovado
- Distinguir entre la preservación doctrinal y la alteración cronológica o de calendarios.
- Explicar la esperanza del pacto como la continuidad bajo exilio, juicio, y restauración
- Usar las lecturas asignadas para mostrar que Yahusha confirma la doctrina del pacto establecida

PROPÓSITO DE LA SEMANA 11

Establecer que la doctrina de la resurrección no se originó en el Pacto Renovado, sino que fue preservada, clarificada, y esperada mucho antes.

CUATRIMESTRE I - MES 3 - SEMANA 11 - LECTURA

La Resurrección es presentada en las Escrituras como una anticipación del pacto, preservada y afirmada progresivamente en lugar de recién introducida.
Testigo Temprano del pacto de la Resurrección
Mucho antes del período del Segundo Templo, la esperanza de la resurrección ya está presente dentro de la instrucción del pacto preservado.

Chănôk (Enoc) presenta la resurrección como una anticipación ya establecida:

- Los justos son preservados para restauración y vindicación
- El Juicio y la renovación ocurren después de la muerte
- La mortalidad no vuelve inútil la obediencia fiel

Yôbêl (Jubileos) refuerza esta esperanza por:

- Vincular la fidelidad del pacto con la restauración más allá de muerte
- Enfatizar el recuerdo divino y la renovación futura
- Presentar la resurrección dentro del orden del pacto, no teología especulativa

Estos textos demuestran que la esperanza de la resurrección existía dentro de la enseñanza del pacto, no como una innovación posterior.
Afirmación durante el Exilio y la etapa Postexílica

Baruch 3:9–14: Vincula sabiduría, obediencia, y la restauración, afirmando que la esperanza del pacto continúa más allá del exilio y la aparente pérdida, incluyendo la misma muerte.
Este pasaje confirma que la esperanza de la resurrección permaneció intacta aun después del juicio nacional.

CONFIRMACIÓN DEL SEGUNDO TEMPLO

Êber (Hebreos) 11:35: Reconoce la esperanza de la resurrección como ya conocida y confiada entre los fieles, indicando la continuidad en lugar de introducción.

CONFIRMACIÓN MESIÁNICA

Yôchânân 5:28–29: Yahusha afirma la resurrección para ambos el justo y el injusto, confirmando la enseñanza del pacto establecida en lugar de presentar una nueva doctrina.
La esperanza de la resurrección fue preservada dentro de la instrucción del pacto mucho antes de Yahusha; Él no la introdujo, sino que la confirmó, la aclaró, y oficialmente la afirmó.

LEER EL CAPÍTULO 8 YAHUAH: GUIA DE RESTAURACIÓN

Diferentes tipos de calendarios
Enfoque de Alineación — Capítulo 8 (Tiempo Del pacto y Anticipación de Resurrección)

Mientras la Semana 10 estableció la continuidad canónica del testimonio, la Semana 11 clarifica que la esperanza del pacto—especialmente la resurrección—existe dentro de los tiempos señalados de Yahuah, no sistemas humanos alterados en su cronología.

DEL CAPÍTULO 8 DE YAHUAH: GUIA DE RESTAURACIÓN, LOS ESTUDIANTES DEBEN EXTRAER LOS SIGUIENTES ÉNFASIS ESPECÍFICOS PARA SEMANA 11:

- La Resurrección Está Arraigada en Tiempos Establecidos: El Capítulo 8 demuestra que Yahuah gobierna la historia a través de los tiempos establecidos, las estaciones, y las épocas, no los calendarios humanos arbitrarios.
- La Esperanza de la resurrección, por lo tanto, es del pacto y programada dentro del orden divino, no una especulación filosófica.
- Los Calendarios Humanos Alteran La Estructura, No La Promesa: El capítulo documenta cómo imperios alteraron calendarios, fechas de fiestas, y estructuras de las semanas.
- A pesar de esto, las promesas del pacto—incluyendo la restauración y la resurrección—nunca fueron anuladas, solo oscurecidas. Esto apoya Êber (Hebreos) 11:35, que testifica que la esperanza de la resurrección existía antes de los sistemas doctrinales posteriores.
- La Esperanza Del pacto Sobrevive a la Corrupción Cronológica: El Capítulo 8 confirma que aun cuando los días santos, Shabbath, y meses fueron confundidos, la esperanza doctrinal permaneció intacta.
- La promesa de Baruch de restauración y la declaración de Yahusha en Yôchânân 5 operan dentro de este marco del pacto preservado.
- La Resurrección Pertenece al Orden de Yahuah, No al Tiempo Institucional: Al establecer que el día bíblico comienza al amanecer, no a medianoche o al atardecer, El Capítulo 8 refuerza que la vida, la restauración, y la resurrección siguen el orden de la creación, no las construcciones romanas o eclesiásticas.

Esto clarifica por qué doctrina de la resurrección pudo ser preservada precisamente aun cuando los calendarios fueron corrompidos.

TÉRMINOS CLAVE Y DEFINICIONES (SEMANA 11)

- La Resurrección: La restauración de la vida efectuada divinamente después de la muerte, afirmando que la fidelidad del pacto, la obediencia, y la justicia no son anuladas por la mortalidad, sino que son preservadas para la renovación futura y el juicio según el propósito de Yahuah.
- La Esperanza del pacto: La anticipación sostenida de restauración, vindicación, y renovación fundamentada en las promesas del pacto de Yahuah, preservada a través de generaciones por medio de la instrucción fiel y confirmada por testigos históricos y proféticos.
- La Continuidad Doctrinal: La transmisión fiel de la creencia e la instrucción del pacto a través del tiempo sin contradicción, demostrando consistencia del propósito divino a pesar de los cambios en administración, contexto histórico, o modo de revelación.

TAREAS DE ESTUDIO

Pausen su lectura y completen lo siguiente antes de proceder. Involúcrense con el texto de las Escrituras directamente. No resuman opiniones de otros.

• Rastrear la esperanza de la resurrección a través de los escritos del pacto preservado

• Hacer la diferencia entre la continuidad doctrinal de la alteración histórica o en calendarios

PENSAMIENTOS FINALES DE LA SEMANA 11

"La Esperanza de resurrección fue preservada antes de ser proclamada."

REFLEXIÓN FINAL

"La Esperanza preservada llega a ser la verdad revelada."

CUATRIMESTRE I - MES 3 — SEMANA 12

LA UNIDAD DEL LENGUAJE DEL PACTO

LA YADA DE YAHUAH (TEOLOGÍA), POR MEDIO DE UN LENGUAJE DE PACTO COHERENTE: UN SOLO LENGUAJE.

Resultados del Aprendizaje de la Semana 12 — La Unidad de Lenguaje Del pacto

AL FINAL DE LA SEMANA 12, LOS ESTUDIANTES DEBEN PODER:

- Definir la unidad del lenguaje del pacto y explicar por qué la preservación del significado salvaguarda la doctrina
- Identificar los términos del pacto que permanecen consistentes a través de siglos y escritos
- Hacer la diferencia del vocabulario sin cambio de práctica distorsionada o redefinición institucional
- Demostrar la continuidad del significado a través de los Apokryfos, los Profetas, las enseñanzas de Yahusha, y los escritos de emisarios

PROPÓSITO DE LA SEMANA 12

Demostrar que la unidad doctrinal es preservada por medio del lenguaje consistente y el significado a través de generaciones.

CUATRIMESTRE I - MES 3 - SEMANA 12 - LECTURA

- Ṭôbîyâhû (Tobías) 12:6–10: Define la justicia, la oración, y la caridad usando el lenguaje del pacto.
- Enoc 22:1–4: Describe la separación después de la muerte usando categorías del pacto estructuradas.
- Dânîyêl 12:2: Define los resultados de la resurrección.
- Loukas 16:19–31: Yahusha usa lenguaje del pacto existente para explicar la responsabilidad.
- Yaăqôb (Santiago) 1:27: Define la adoración pura en términos del pacto.

LEER EL CAPÍTULO 9 YAHUAH: GUIA DE RESTAURACIÓN

Verdugos y Perseguidores de los Seguidores de Yahuah

ENFOQUE DE ALINEACIÓN – CAPÍTULO 9

El capítulo 9 demuestra que a pesar de la persecución, la corrupción, el exilio, y la violencia, el lenguaje del pacto permanece sin cambio.
Los perseguidores cambian sistemas, nombres, calendarios, e instituciones, pero no logran alterar el significado de los términos del pacto.

Del Capítulo 9, los estudiantes deben extraer los siguientes énfasis en específicos para Semana 12:

- La Persecución No Altera El Lenguaje Doctrinal

Aquellos que persiguieron a los seguidores de YAHUAH buscaron suprimir la obediencia, el Shabbath, las fiestas, y las prácticas del pacto, aun así, el vocabulario de justicia, idolatría, arrepentimiento, juicio, y restauración permaneció intacto a través de generaciones.
Esto confirma la unidad del lenguaje del pacto bajo presión.

- La Falsa Autoridad Preserva el Lenguaje Mientras Distorsiona la Práctica

El capítulo 9 muestra que los perseguidores a menudo mantuvieron algunos términos del pacto mientras redefinían la conducta.
Esto refuerza la necesidad de hacer la diferencia de palabras del significado, un principio central de la unidad del lenguaje del pacto.

- Los Términos Del pacto Mantienen el Significado a Través del Juicio y la Esperanza

El mismo lenguaje del pacto usado para describir persecución, idolatría, juicio, resurrección, y restauración aparece consistentemente en Ṭôbîyâhû (Tobías), Enoc, Dânîyêl, las enseñanzas de Yahusha, y los emisarios.
El significado es preservado aun cuando las circunstancias cambian.

- La Idolatría como una Constante Del pacto

El capítulo 9 define la idolatría usando términos consistentes en Êber (Hebreos) y definiciones bíblicas.
Esto confirma que el vocabulario del pacto respecto a la adoración falsa, la obediencia, y el juicio nunca evoluciona culturalmente—permanece doctrinalmente fijo.

La verdad no cambia lenguajes; preserva el significado.

TÉRMINOS CLAVE Y DEFINICIONES (SEMANA 12)

- La unidad del Lenguaje del pacto: El uso consistente y la preservación del vocabulario del pacto a través de los escritos de las Escrituras, asegurando que los significados teológicos centrales permanezcan unificados en lugar de fragmentados por tiempo, lenguaje, o contexto.
- El término Yada Yahuah (Teológico): Una palabra o frase que lleva significado del pacto definido, dando forma a cómo Yahuah, Su instrucción, y Sus propósitos son entendidos. Los términos teológicos funcionan como portadores de doctrina, no meramente como lenguaje descriptivo.
- La continuidad del Significado: La preservación fiel de la doctrina del pacto por medio del lenguaje, en la cual los términos clave retienen su significado intencionado a través de las generaciones, los escritos, y las administraciones sin contradicción.

TAREAS DE ESTUDIO

Pausen su lectura y completen lo siguiente antes de proceder. Involúcrense con el texto de las Escrituras directamente. No resuman opiniones de otros.

• Rastrear el lenguaje del pacto a través de los escritos asignados

• Hacer la diferencia entre significado preservado de la práctica distorsionada o la redefinición

PENSAMIENTOS FINALES DE LA SEMANA 12

"El pacto habla con una sola voz."

REFLEXIÓN FINAL

"La verdad preserva el significado a través de las generaciones."

ALINEACIÓN DE EVALUACIÓN — MES 3

Cada semana del Mes 3 contribuye directamente a la habilidad del estudiante para defender la continuidad sin innovación:

- La Semana 9 establece el principio gobernante de la supresión y la revelación cronometrada
- La Semana 10 demuestra la continuidad canónica por medio de testigo entre textos preservados
- La Semana 11 confirma la continuidad doctrinal de la esperanza de resurrección a través de los pactos
- La Semana 12 establece la unidad del lenguaje del pacto como una salvaguarda del significado doctrinal

Los estudiantes deben integrar la supresión, continuidad, doctrina, y el lenguaje en un solo argumento del pacto al final del mes.
Conceptos Centrales para Apoyo

Los estudiantes deben poder articular claramente y retener los siguientes principios fundamentales antes de avanzar:

- La Supresión vs. El Rechazo (Semana 9)
  - La Supresión es un acto del gobierno divino, no es pérdida o ni error.
  - Yahuah determina cuándo la verdad es revelada y a quién.
  - Los Escritos Apokryfos fueron preservados, no descartados.
- La Continuidad Canónica (Semana 10)
  - El Pacto Renovado revela, no inventa.
  - El tema de "La figura del Justo Sufriente" existía antes del ministerio de Yahusha.
  - Los Apokryfos funcionan como una transición del pacto, no como un canon alterno.
- La Preservación Doctrinal a Través del Tiempo (Semana 11)
  - La Esperanza de la resurrección precede el Pacto Renovado.
  - La Corrupción de calendarios y sistemas humanos no anulan las

promesas del pacto.

- La Doctrina sobrevive aun cuando la estructura y los tiempos son alterados.

- El Lenguaje del pacto (Semana 12)
    - La Verdad del pacto es preservada por medio del significado consistente, no uniformidad de idioma.
    - Yahusha y los emisarios hablan usando vocabulario del pacto existente.
    - Yada Yahuah (teología) es transmitida por medio de definiciones compartidas, no innovación.

Lista de Autoevaluación del Estudiante

Al final del Mes 3, el estudiante debe poder:

- Explicar por qué los escritos "escondidos" aún pueden ser fieles al pacto
- Identificar la continuidad entre los Apokryfos y los textos del pacto Renovado
- Defender la doctrina de la resurrección como preexistente, no recién introducida
- Reconocer el lenguaje de Yada Yahuah (teológico) compartido a través de siglos
- Hacer la diferencia entre la preservación de canonización institucional

Declaración Final sobre el Mes 3

Lo que Yahuah preserva, el tiempo no lo puede borrar; lo que Él oculta, Él después revela.

CUATRIMESTRE I: MES 4 - SEMANA 13
LA SALVACIÓN EN EL PACTO

La Gracia por la Fe, Resurrección, y la Ciudadanía del pacto

Resultados del aprendizaje de la Semana 13 — La Salvación en el pacto

AL FINAL DE LA SEMANA 13, LOS ESTUDIANTES DEBEN PODER:

- Defender la salvación como una realidad del pacto, fundamentada en la gracia por la fe, desde el testimonio más temprano de las Escrituras."
- Explicar el orden de las Escrituras sobre la muerte (sueño), resurrección, juicio, y el resultado eterno
- Hacer la diferencia entre la obediencia del pacto como evidencia de fidelidad en lugar de un medio de ganar la salvación
- Demostrar cómo Yahusha confirma y cumple con la salvación del pacto establecida en lugar de introducir un sistema nuevo

LEER EL CAPÍTULO 10 YAHUAH: GUIA DE RESTAURACIÓN

Propósito de la Semana 13

Confirmar que la salvación siempre ha sido por gracia por medio de la fe, y establecer el orden del pacto sobre la muerte (sueño), resurrección, juicio, y el resultado eterno como enseñado consistentemente en las Escrituras.

CUATRIMESTRE I - MES 4 - SEMANA 13 – LECTURA

- Efesios 2:8–9: La Salvación es por gracia por medio de la fe, no por obras.
- Chăbaqqûq 2:4: El justo vive por fe.
- Yôchânân 14:6: Yahusha es el único camino al Padre (Yahuah).
- Prásso 16:30–31: Creer en Âdônây Yahusha el Mashiyach y serás salvo.
- Yôchânân 11:11: La Muerte es descrita como sueño.
- Yôchânân 5:28–29: Todos en las tumbas oirán Su voz— la resurrección de vida o la resurrección de condenación.
- Mattithyâhû 25:46: El Castigo eterno vs la vida eterna.
- Qōheleṯh 9:5–6: Los muertos no saben nada; no participación en lo que es

hecho bajo el sol.

- 1 Thessalonikéfs 4:16–17: Los muertos en el Mashiyach resucitan primero; los vivos son arrebatados para encontrarse con Yahusha en el aire.
- Apokálypsis 20:4–6: Reinar con el Mashiyach mil años; benditos son aquellos en la primera resurrección.
- Apokálypsis 20:14–15: Segunda muerte; el lago de fuego; solo aquellos escritos en el Libro de Vida permanecen.
- Fílippi 3:21: Los justos reciben cuerpos transformados como Su cuerpo glorioso.
- Apokálypsis 21:2: La Nueva Yerushalayim desciende del cielo, preparada como una novia.
- Mattithyâhû 24:13: El que persevera hasta el fin será salvo.
- Yôchânân 8:51: El que guarda mi Palabra, no verá muerte jamás.
- Yôchânân 14:15: Si ustedes Me aman, guarden Mis mandamientos.
- Yôchânân 5:39: Las Escrituras testifican de Yahusha.
- Tehillim 119:15–16: Meditar en Sus preceptos; deleitarse en Sus estatutos; no olvidar Su palabra.
- Yahusha (Josué) 1:8: Meditar día y noche; observar para hacer; entonces la prosperidad y el éxito.
- 1 Thessalonikéfs 5:17: Oren sin cesar.

ENFOQUE DE ALINEACIÓN – CAPÍTULO 10 (LA SALVACIÓN Y EL ORDEN DEL PACTO)

Las semanas anteriores establecieron la continuidad doctrinal y la esperanza de la resurrección, La Semana 13 trae estos conceptos juntos al aclarar la salvación como una realidad del pacto unificada en lugar de un concepto fragmentado o en evolución.

Del Capítulo 10 de Yahuah: Guia de Restauración, los estudiantes deben extraer los siguientes énfasis para Semana 13:

- La Salvación es por Pacto, no por méritos: El capítulo 10 demuestra que la salvación siempre ha sido iniciada por la gracia de Yahuah y recibida por fe, nunca comprada por obras o desempeño ritual. La obediencia funciona como lealtad del pacto, no como moneda de intercambio.

- La Fe Produce Ciudadanía, No Meramente Creencia: El capítulo enfatiza que la fe es por relación y del pacto, resultando en lealtad, perseverancia, y una vida transformada en lugar de asentimiento intelectual solamente.
- La Salvación Sigue el Orden Divino, No la Suposición Humana: El capítulo 10 confirma la secuencia de las Escrituras de la muerte como sueño, resurrección, juicio, y resultado eterno, corrigiendo las suposiciones de recompensa o castigo inmediato después de muerte.
- Yahusha Confirma el Patrón del pacto de la Salvación: En lugar de reemplazar instrucciones pasadas, Yahusha afirma y cumple el patrón de la salvación del pacto ya presente en la Tôrâh, los Profetas, y los Escritos.

TÉRMINOS CLAVE Y DEFINICIONES (SEMANA 13)

- La Salvación: El acto del pacto de liberación y restauración logrado por Yahuah por medio de Yahusha, rescatando a los fieles del juicio y la corrupción y restaurándolos a la posición correcta y el propósito dentro del pacto.
- La Gracia: El favor no merecido e intervención activa de Alôhîym que inicia en rescate, sostiene la restauración, y capacita la fidelidad del pacto, en lugar de excusar la desobediencia o anular la instrucción.
- La Fe: Confianza del pacto en Yahuah que resulta en lealtad, obediencia, y perseverancia, demostrada por medio de acción fiel en lugar de mera creencia o confesión verbal.
- La Resurrección: La restauración de vida efectuada divinamente después de la muerte, por medio de la cual el justo es vindicado y el injusto es juzgado, afirmando la responsabilidad del pacto y destino eterno.

- El Libro de Vida: El registro del pacto de aquellos que pertenecen a Yahuah por medio de la fidelidad, obediencia, y lealtad en Yahusha, representando reconocimiento divino en lugar de inclusión arbitraria.
- La Nueva Yarushalayim: La morada prometida de Yahuah con los justos, descrita como descendiendo a la Tierra, donde la restauración del pacto, justicia, y presencia divina son plenamente realizadas en lugar de escape de la creación.

TAREAS DE ESTUDIO

Pausen su lectura y completen lo siguiente antes de proceder. Involúcrense con el texto de las Escrituras directamente. No resuman opiniones de otros.

• Identificar el fundamento inmutable de la salvación (gracia por fe).

• Identificar el orden de las Escrituras: muerte (sueño) → resurrección → juicio → resultado eterno.

• Identificar las señales del pacto de ciudadanía en el Reino (la obediencia como evidencia, no compra).

PENSAMIENTOS FINALES DE LA SEMANA 13

"La Salvación nunca ha cambiado— la gracia por la fe es el fundamento del pacto."

REFLEXIÓN FINAL

"La Esperanza no es inventada en el Pacto Renovado; es cumplida en Yahusha."

CUATRIMESTRE I: MES 4 – SEMANA 14
MES DE CALIFICACIÓN E INTEGRACIÓN
FUNDAMENTOS DEL CANON Y LA RESTAURACIÓN

ORIENTACIÓN ACADÉMICA – CUATRIMESTRE I • MES 4 - SEMANA 14

La semana 14 - 16 funciona como un período de calificación e integración, no una unidad de Enseñanza. Ningún material doctrinal nuevo es introducido. En su lugar, los estudiantes son evaluados en su habilidad de sintetizar, articular, y aplicar el marco del pacto restaurado establecido en las Semanas 1-13.

ESTE MES VERIFICA SI EL ESTUDIANTE HA DESARROLLADO:

- Disciplina de Razonamiento Del pacto
- Fidelidad al método restaurado de Yada Yahuah (teológico)
- Competencia en escritura académica basada en Escritura
- Claridad conceptual y precisión terminológica

El mes 4 es de evaluación por diseño. El avance es condicional. Se espera que los estudiantes demuestren dominio, no exploración.

El mes 4 es el mes de calificación e integración para el Cuatrimestre I — Los Fundamentos del Canon y la Restauración.

FIDELIDAD METODOLÓGICA – ESTÁNDAR DE EVALUACIÓN

Todas las evaluaciones en el Mes 4 son evaluadas según el método restaurado de Yada Yahuah (teológico) establecido en el Cuatrimestre I.

ESTE MÉTODO INCLUYE:

- La Escritura como Autoridad Auto-Definida

El testimonio de las Escrituras deriva del propio testimonio de las Escrituras, no de una validación institucional.

- El Razonamiento Del pacto

La Autoridad, preservación, y doctrina son evaluadas por medio de designación del pacto, no popularidad ni tradición.

- La Continuidad Sin Innovación

El cumplimiento es entendido como consumación, no reemplazo o invención doctrinal.

- La Precisión del texto y del Lenguaje del pacto

El significado doctrinal es preservado por medio del lenguaje del pacto consistente y el manejo preciso del texto.

- La Disciplina de Fuentes Restringidas

Solo los textos de las Escrituras asignados y materiales del Cuatrimestre I son permitidos. Los sistemas teológicos externos son excluidos.

La desviación de este método constituye falla metodológica sin importar la longitud del ensayo o la calidad estilística.

Ningún contenido nuevo de enseñanza es introducido al final de este este mes.

En su lugar, el estudiante es requerido demostrar comprensión, integración, y disciplina académica basada en el material estudiado en Meses 1–3.

Resultados del aprendizaje del Módulo 4

AL FINAL DEL CUATRIMESTRE I - MES 4, EL ESTUDIANTE DEBE PODER:

- Sintetizar el Testimonio de las Escrituras, la preservación, y la continuidad en un marco coherente de las Escrituras
- Demostrar el uso disciplinado de las Escritura sin dependencia en Yada Yahuah (teología) institucional
- Comprender la preservación y la guarda de las Escrituras
- Aplicar Yada Yahuah (teología) restaurada consistentemente a través de múltiples temas
- Desarrollar competencia básica en escritura académica.
- Producir escritura académica estructurada alineada con los estándares del Instituto

La demostración exitosa de estos resultados es requerida para el avance a Etapa II.

Este mes evalúa si el estudiante ha:

- entendido el testimonio de las Escrituras restauradas
- comprendido la preservación y la guarda de las Escrituras
- adoptado un método restaurado de Yada Yahuah (teológico)
- desarrollado la competencia básica de escritura académica

Una culminación exitosa del Mes 4 es requerida para avanzar a la Etapa II (Estudios a Nivel de Maestría).

FUENTES REQUERIDAS (EN TODAS LAS SEMANAS)

Todo trabajo debe ser completado usando:

- Dabar Yahuah - Escrituras Yahuah
- Dabar Yahuah Bible App
- Las Lecturas asignadas del Cuatrimestre I

Ningún sistema teológico externo, material devocional, o fuentes denominacionales son permitidos.

ENSAYO DEL MES 4 – "INTEGRACION FINAL"

Cuatrimestre I: Mes 4 — Semana 14

Resultados del Aprendizaje de la Semana 14

- Al final de la Semana 14, el estudiante debe poder:
- Integrar el material del Meses 1–3 en un argumento canónico unificado
- Explicar cómo la Escritura define su propia autoridad y preservación
- Analizar el impacto doctrinal de la historia de la traducción usando evidencia de las Escrituras
- Demostrar el progreso del entendimiento.
- Producir un análisis de Yada Yahuah (teológico) estructurado usando solo las Escrituras

ENSAYO INTEGRACION FINAL

Título: Canon, Traducción, y Autoridad Restaurada

Cantidad de Palabras: 2,000–3,000

Propósito del Ensayo

Este ensayo sirve como evaluación integral única para el Cuatrimestre I.

EL ESTUDIANTE DEBE DEMOSTRAR LA HABILIDAD DE:

- sintetizar el material de los Meses 1–3
- razonar canónicamente usando solo las Escrituras
- explicar cómo la traducción, la preservación, y la autoridad afectan la doctrina

Esto no es un testimonio personal o reflexión devocional.

Es un análisis Yada Yahuah (teológico) estructurado.

Enfoque del Ensayo

EXPLICAR CÓMO:

- Las Escrituras definen su propia autoridad
- Los custodios sacerdotales preservaron la integridad canónica
- La historia de la traducción (incluyendo la eliminación del Nombre Sagrado) afectó la doctrina
- Las Escrituras restauradas corrigen la confusión doctrinal

El ensayo debe mostrar el progreso de entendimiento desde el Mes 1 hasta el Mes 3.

Escritura Requerida (Uso Mínimo)

Los estudiantes deben Relacionarse significativamente con los siguientes pasajes:

- Šhemōṯh 3:13–15
- Tehillim 83:18
- Hôshêa 12:9

- Mattithyâhû 4:4
- Apokálypsis 22:18–19

Se espera el uso de Escrituras adicionales del Cuatrimestre I cuando corresponda.

- Criterios de Evaluación (Aplicados al Ensayo Final)

EL ENSAYO SERÁ EVALUADO EN:

- La Precisión De las Escrituras
- El Razonamiento Del pacto
- La Claridad conceptual
- La Estructura lógica
- La Fidelidad al método restaurado de Yada Yahuah (teológico)

CUATRIMESTRE I: MES 4 — SEMANA 15

Dominio de la Terminología — Verificación de habilidades fundamentales
Este componente verifica que el estudiante ha internalizado el vocabulario requerido para el estudio restaurado de Yada Yahuah (teología). El dominio se demuestra mediante la comprensión y la correcta aplicación, no la memorización.

La Terminología funciona como un marco doctrinal. La incapacidad de definir o aplicar estos términos con precisión indica preparación insuficiente para estudio avanzado.
Resultados del Aprendizaje de la Semana 15 — Resumen del Dominio de la Terminología

AL FINAL DE LA SEMANA 15, EL ESTUDIANTE DEBE PODER:

- Definir los términos del pacto centrales con precisión y claridad
- Explicar el rol funcional de cada término dentro de la Yada Yahuah (teología) restaurada
- Identificar cómo el malentendido de la Terminología conduce a error doctrinal
- Demostrar la internalización del vocabulario en lugar de memorización mecánica

RESUMEN DE DOMINIO DE LA TERMINOLOGÍA

Título: Fundamentos del Canon y la Restauración
Formato: Lista estructurada con explicaciones breves
Cantidad de Palabras: Flexible (recomendado 500–800 palabras en total)
Propósito

Este componente verifica que el estudiante ha internalizado el vocabulario necesario para el estudio restaurado de Yada Yahuah (teología).
Los estudiantes deben demostrar comprensión, no memorización.
Terminología Requerida (Cobertura Mínima)

Los estudiantes deben definir y explicar los términos clave de los Meses 1–4, incluyendo pero no limitándose a:

- Dabar / Dabar Yahuah
- Tôrâh (Instrucción vs Ley)
- Canon (Divino vs Institucional)
- Apokryfos
- Supresión vs Revelación
- Sacerdocio (Levítico vs Malkîy-Tsedeq)
- Custodio
- Nombre Sagrado
- Yada Yahuah (teología) restaurado
- Continuidad Doctrinal

Cada término debe incluir:

- una definición clara
- su función dentro de la Yada Yahuah (teología) restaurada
- por qué el mal entendimiento de este término causa error doctrinal

CUATRIMESTRE I: MES 4 — SEMANA 16

Resultados del Aprendizaje de la Semana 16 — Entrega Final y Revisión del Avance

AL FINAL DE LA SEMANA 16, EL ESTUDIANTE DEBE PODER:

- Entregar todo el trabajo requerido conforme a los estándares académicos del Instituto
- Demostrar consistencia del método, la Terminología y el razonamiento
- Cumplir con los criterios de calificación para avanzar sin necesidad de repetición.

ENTREGA FINAL Y REVISIÓN DEL AVANCE

REQUISITOS DE ENTREGA

Todas las entregas deben seguir estos estándares académicos:

- Solo citas De las Escrituras
- Estructura y progreso claras
- Sin lenguaje devocional
- Sin apelaciones denominacionales
- Sin Yada Yahuah (teología) especulativa

El objetivo es comprensión demostrada, no persuasión.
Alineación de Evaluación — Nota mínima requerida

El Mes 4 evalúa la competencia, no la participación. Las decisiones de avance se basan en dominio demostrado de los fundamentos del Cuatrimestre I.

Desempeño Satisfactorio Incluye:

- Razonamiento preciso de las Escrituras
- Aplicación fiel del método restaurado de Yada Yahuah (teología)
- Organización estructural clara y avance lógico
- Uso correcto de la Terminología del pacto
- Cumplimiento con limitantes: de fuentes y metodología

DESEMPEÑO INSATISFACTORIO INCLUYE:

- Dependencia de sistemas teológicos externos
- Inconsistencia doctrinal o contradicción
- Desviación metodológica
- Terminología vaga o imprecisa
- Fallo en integrar coherentemente los Meses 1–3

Solo los estudiantes que cumplan los criterios satisfactorios pueden proceder a la Etapa II.

DECISIÓN DE AVANCE

Al concluir el Mes 4, la facultad emitirá uno de los siguientes:

- Satisfactorio — Avance Aprobado
- Insatisfactorio — Repetición Requerida

Solo los estudiantes que reciban Satisfactorio pueden proceder a la Etapa II (Estudios a Nivel de Maestría).

ESTRUCTURA DEL PROGRAMA ACADÉMICO

Yahuah Institute of Biblical Restoration, Inc.

ETAPA I – FUNDAMENTOS A NIVEL TÉCNICO SUPERIOR

Estado: ✓ Completado tras evaluación satisfactoria

Esto confirma competencia fundamental en:

- Testimonio de las Escrituras
- Preservación de las Escrituras
- Método restaurado de Yada Yahuah (teológico)
- Análisis académico

Los estudiantes que completan la Etapa I son elegibles para entrar a la II.

Observaciones:

Es un requisito obligatorio de entrega.

LA ESTRUCTURA FINAL LO DEJA CLARO:

- El Mes 4 es un mes de calificación
- El avance es condicional
- El Ensayo Final constituye la única evaluación integradora.
- No entregar = no avanzar

UN ESTUDIANTE DEBE COMPRENDER CLARAMENTE QUE:

1.Debe entregar un ensayo (2,000–3,000 palabras)
2.El ensayo evalúa los Meses 1–3
3.El uso de las Escrituras es requerido, no sugerido
4.La metodología es restringida
5.El resultado afecta directamente el avance a la Etapa II

FIN DEL CUATRIMESTRE I – CALIFICACIÓN COMPLETA

El término del Mes 4 significa el cumplimiento de la Etapa I — Fundamentos a Nivel Técnico Superior. El avance a la Etapa II está condicionado a evaluación satisfactoria de todos los requisitos del Mes 4.
Ningún estudiante puede proceder sin aprobación formal.

CONCLUSIÓN — LIBRO 1 → LIBRO 2

La primera etapa de la Maestría en Estudios de Restauración Bíblica ha establecido el fundamento necesario: que Dabar Yahuah se origina en Yahuah, es preservada en los cielos, transmitida mediante custodios del pacto, y restaurada a través de Yadaʿ Yahuah y no por teología especulativa (Yada Yahuah).
La autoridad ha sido correctamente reordenada.
El canon ha sido reestablecido.
La tradición ha sido colocada por debajo de la instrucción.
La continuidad del pacto ha sido esclarecida.
Pero el fundamento por sí solo no es la culminación.

Habiendo establecido de dónde procede la instrucción, cómo es preservada y quién está autorizado para guardarla, el estudiante debe ahora avanzar al siguiente nivel del razonamiento del pacto. La segunda etapa se desplaza más allá de la autoridad del fundamento hacia el desarrollo de la estructura del pacto, la administración sacerdotal, la identidad del pacto y la formación de una maestría interpretativa disciplinada.

El MBRS Libro 2 realiza así la transición del estudiante desde los Fundamentos a Nivel Técnico superior hacia el desarrollo del pacto de nivel de licenciatura — donde la autoridad restaurada ya no solo se comprende, sino que es aplicada sistemáticamente.
El trayecto desde saber que Dabar es verdadera ahora avanza hacia aprender cómo Dabar gobierna toda la vida del pacto.

GLOSARIO

Agencia: El actor responsable detrás de una acción o resultado.

Alineación: Armonía entre la acción humana y la instrucción divina dentro del orden establecido. Reordenamiento gradual bajo autoridad divina en lugar de perfección instantánea. Acuerdo entre el deseo renovado y la instrucción divina que fluye de una nueva naturaleza.

Árbol de la Vida: La fuente de inmortalidad sostenida, retenida para preservar la redención.

Capacidad: La habilidad de recibir pacto, corrección y restauración.

Completitud: El estado declarado de no carecer de nada dentro de la secuencia de la semana de la creación.

Conciencia: Percepción moral adquirida sin participación en el mal ni alteración de la naturaleza creada.

Condición: El estado espiritual y biológico interno que gobierna y da forma a la existencia humana, del cual proceden el comportamiento externo, la capacidad, la alineación y la manifestación. La condición refleja origen y naturaleza, no meramente acción, y determina cómo la vida es expresada en el ámbito físico.

Contención: El mantenimiento del orden mediante límites aplicados que previenen la propagación o escalada de la corrupción. Limitación divina o remoción diseñada para preservar la creación. Remoción del pacto de la rebelión encarnada. Restricción divina que limita la propagación mientras pospone la erradicación final. Restricción divina que limita la propagación mientras preserva la agencia. Remoción de corrupción irreparable para prevenir el retorno y preservar la restauración.

Conocimiento del Mal: Conciencia adquirida mediante la transgresión, no por creación divina.

Expulsión: Restricción protectora de acceso para prevenir corrupción eterna.

Firmamento: La expansión estructurada divinamente establecida por Yahuah que contiene y ordena el mundo creado. El firmamento abarca la tierra en su totalidad, el primer cielo (shamayim), y funciona como el límite estructural que separa las aguas de abajo de las aguas de arriba. Es el marco dentro del cual la tierra, el mar, el cielo, los luminares, la vida y la habitación humana son establecidos. El firmamento no es meramente espacio atmosférico, sino la estructura celestial del mundo tal como fue creado, definiendo ámbitos, límites y funciones por mandato divino. Establece orden, contención y estabilidad, asegurando que la creación opere dentro de los límites asignados hasta el tiempo designado de restauración.

Límite: Un límite que permite propósito y jurisdicción en lugar de restricción. El punto donde termina la invitación de la misericordia y la restauración es protegida mediante la aplicación de autoridad.

Orden: Estructura divina, asignación y límite establecidos en la creación.

Orden Fundacional: Aquello que es establecido primero y por lo tanto gobierna toda interpretación posterior.

Procreación: El don concedido de manera única a la humanidad para preservar la vida en la mortalidad.

Prueba: Un proceso permitido que revela fidelidad sin originar el mal.

Responsabilidad: La obligación de responder por las acciones tomadas dentro o fuera de la autoridad asignada.

Separación: División establecida por Yahuah para preservar orden, función y vida. Distinción deliberada y redentora establecida para preservar pureza y continuidad. Terminación de un reclamo previo que permite la transferencia de pacto. El acto protector final que asegura la creación restaurada una vez que la alineación está completa.

Shabbâth: El séptimo día santificado establecido por Yahuah en la creación como señal del pacto de completitud, autoridad y alineación. Shabbâth fue apartado en la primera semana de la creación, no como ordenanza humana, sino como marcador divino de que la creación había alcanzado su orden y reposo intencionados bajo la soberanía de Yahuah. Shabbâth funciona como señal de relación del pacto entre Yahuah y Sus escogidos—celebrado por Yahuah mismo en el cielo, por los Ángeles de la Presencia y los Ángeles de la Santificación, y por aquellos en la tierra a quienes Yahuah ha santificado y apartado. No es dado indiscriminadamente a todas las naciones, sino a aquellos traídos a alineación del pacto y santificación. Shabbâth testifica que la autoridad, el tiempo y la completitud pertenecen solo a Yahuah. Guardar Shabbâth es reconocer a Yahuah como Creador, Sustentador y Rey del Pacto, y rechazar sistemas competidores que redefinen el tiempo, el trabajo, la adoración o el reposo. Es, por lo tanto, tanto una ordenanza creacional como una señal viva del pacto, preservada a través de las edades como testimonio de santificación y pertenencia.

Tipo - Especie: Un límite fijado divinamente establecido por Yahuah para preservar el orden creado, la identidad y la reproducción lícita. Cada tipo es creado conforme a su propia naturaleza, función y capacidad, y la reproducción es permitida únicamente dentro de ese límite asignado. La mezcla de tipos está prohibida porque viola el diseño creacional y produce desorden en lugar de vida.

Transgresión de Límite: El cruce deliberado de un límite asignado con conocimiento de la prohibición. Dirigirse a ámbitos, uniones o actos prohibidos que corrompen el orden.

www.ingramcontent.com/pod-product-compliance
Lightning Source LLC
LaVergne TN
LVHW080334110826
845155LV00027B/241

* 9 7 8 1 9 4 6 2 4 9 5 2 4 *